Atención básica al cliente

Miguel Ángel Mateos de Pablo Blanco
Carlos Alberto Torres Gómez

ic editorial

Atención básica al cliente
© Miguel Ángel Mateos de Pablo Blanco
© Carlos Alberto Torres Gómez

1ª Edición

© IC Editorial, 2025

Editado por: IC Editorial
c/ Cueva de Viera, 2, Local 3
Centro Negocios CADI
29200 Antequera (Málaga)
Teléfono: 952 70 60 04
Fax: 952 84 55 03
Correo electrónico: iceditorial@iceditorial.com
Internet: www.iceditorial.com

ISBN: 978-84-1184-891-6
Depósito Legal: MA-925-2025

Impresión: PODiPrint
Impreso en Andalucía – España

Nota de la editorial: IC Editorial pertenece a Innovación y Cualificación S. L.

Presentación del manual

El **Certificado de Profesionalidad** es el instrumento de acreditación, en el ámbito de la Administración laboral, de las cualificaciones profesionales del Catálogo Nacional de Cualificaciones Profesionales adquiridas a través de procesos formativos o del proceso de reconocimiento de la experiencia laboral y de vías no formales de formación.

El elemento mínimo acreditable es la **Unidad de Competencia.** La suma de las acreditaciones de las unidades de competencia conforma la acreditación de la competencia general.

Una **Unidad de Competencia** se define como una agrupación de tareas productivas específica que realiza el profesional. Las diferentes unidades de competencia de un certificado de profesionalidad conforman la **Competencia General,** definiendo el conjunto de conocimientos y capacidades que permiten el ejercicio de una actividad profesional determinada.

Cada **Unidad de Competencia** lleva asociado un **Módulo Formativo,** donde se describe la formación necesaria para adquirir esa **Unidad de Competencia,** pudiendo dividirse en **Unidades Formativas.**

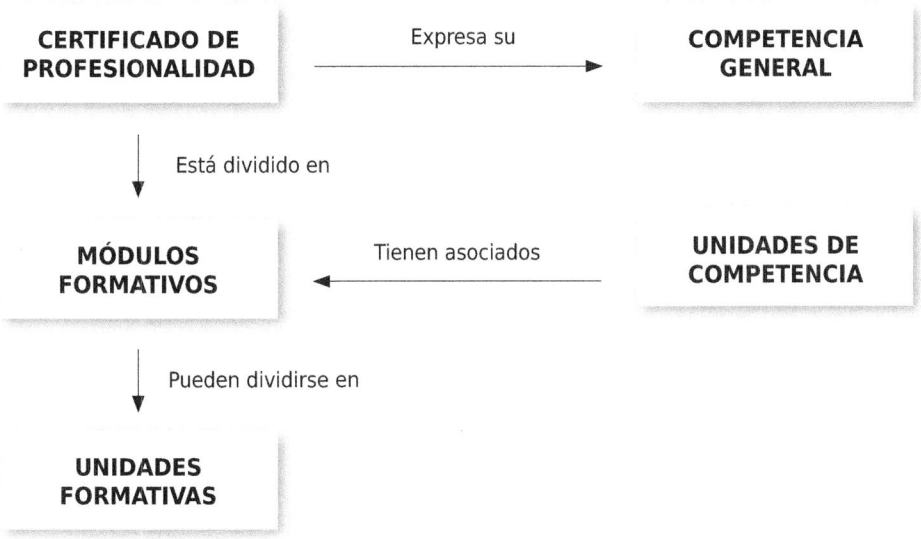

El presente manual desarrolla el Módulo Formativo **MF1329_1: Atención básica al cliente,**

asociado a la unidad de competencia **UC1329_1: Proporcionar atención e información operativa, estructurada y protocolarizada al cliente,**

del Certificado de Profesionalidad **Actividades auxiliares de comercio.**

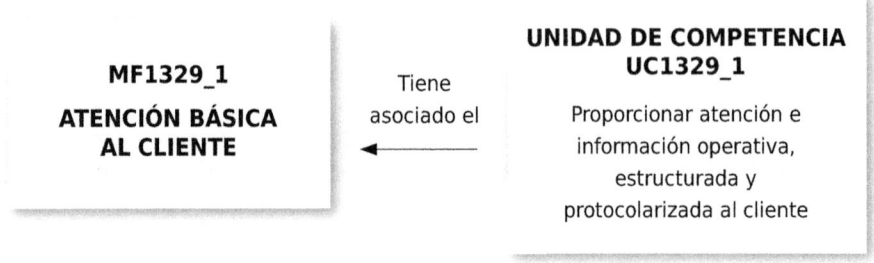

MF1329_1

ATENCIÓN BÁSICA AL CLIENTE

Tiene asociado el

UNIDAD DE COMPETENCIA UC1329_1

Proporcionar atención e información operativa, estructurada y protocolarizada al cliente

FICHA DE CERTIFICADO DE PROFESIONALIDAD

(COMT0211) ACTIVIDADES AUXILIARES DE COMERCIO (R. D. 1694/2011, de 18 de noviembre)

COMPETENCIA GENERAL: Realizar actividades auxiliares de reposición y acondicionamiento en el punto de venta y reparto de proximidad, siguiendo instrucciones y criterios establecidos, utilizando el equipo necesario, respetando las normas de seguridad y salud, y prestando, en caso necesario, atención e información protocolarizada y estructurada, al cliente en el punto de venta o en el servicio de reparto de proximidad.

Cualificación profesional de referencia		Unidades de competencia	Ocupaciones o puestos de trabajo relacionados
COM412_1 ACTIVIDADES AUXILIARES DE COMERCIO (R. D. 1179/2008, de 11 de julio)	UC1327_1	Realizar operaciones auxiliares de reposición, disposición y acondicionamiento de productos en el punto de venta.	• 9820.1011 Reponedores/as de hipermercado. • 9820.1011 Reponedor/a. • 9433.1026 Repartidores/as de proximidad, a pie. • 9700.1010 Embaladores/as-empaquetadores/as, etiquetadores/as, a mano. • Preparador/a de pedidos. • Auxiliar de dependiente de comercio.
	UC1326_1	Preparar pedidos de forma eficaz y eficiente, siguiendo procedimientos establecidos.	
	UC1328_1	Manipular y trasladar productos en la superficie comercial y en el reparto de proximidad, utilizando transpalés y carretillas de mano.	
	UC1329_1	Proporcionar atención e información operativa, estructurada y protocolarizada al cliente.	

Correspondencia con el Catálogo Modular de Formación Profesional

Módulos certificado	Unidades formativas	Horas
MF1327_1 Operaciones auxiliares en el punto de venta		90
MF1326_1: Preparación de pedidos		40
MF1328_1 Manipulación y movimientos con transpalés y carretillas de mano		50
MF1329_1 Atención básica al cliente		50
MP0406: Módulo de prácticas profesionales no laborales		40

Índice

Unidad de Aprendizaje 3
La calidad del servicio de atención al cliente

OBJETIVOS GENERALES

El objetivo general del **MF1329_1: Atención básica al cliente,** es:

⮞ Proporcionar atención e información operativa, estructurada y protocolarizada al cliente.

Técnicas de comunicación con clientes

Contenido

Objetivos

El objetivo específico de esta Unidad de Aprendizaje es:

→ Aplicar técnicas de comunicación básica en distintas situaciones de atención y trato en función de distintos elementos, barreras, dificultades y alteraciones.

1. Introducción

En lo que a las técnicas empresariales se refiere hay que tener en cuenta que gran parte de ellas están enfocadas hacia la **gestión de la atención al cliente** a través de la información y la comunicación, como medios para lograr la **rentabilidad y el futuro de las empresas;** de hecho, si analizamos el avance de las organizaciones en la actualidad, podemos afirmar que la satisfacción del cliente es el motor que determina los niveles de profesionalidad, desarrollo y liderazgo en el mercado.

Asimismo, el **desarrollo de la atención al cliente por medio de la comunicación** es la más rentable de las acciones, ya que depende exclusivamente de la actitud y los conocimientos de los trabajadores de la empresa y no de programas informáticos de elevado coste ni de otros planes de desarrollo. Si observamos con atención, durante el transcurso del trabajo estamos comunicando constantemente, ya que casi en el 80 % del tiempo laboral llevamos a cabo tareas de información o comunicación tanto con compañeros como con proveedores y clientes.

De esta forma, es necesario subrayar el hecho de que cuando una persona asciende en el organigrama empresarial se dedica cada vez más a la comunicación directa, por lo que la comunicación ha acabado convirtiéndose en una cuestión básica que hay que controlar y dominar si queremos llegar a un desarrollo óptimo como personas y como profesionales de futuro.

A lo largo de la unidad recogeremos los principales **procesos de información y comunicación** que se producen en el seno de GLM, S. A., (Grupo Logístico Madrileño), una empresa dedicada al almacenaje, la distribución y el transporte de productos químicos, así como la **importancia de la escucha activa** en torno a las relaciones de la misma con sus clientes y proveedores.

2. Procesos de información y de comunicación

 **HILO CONDUCTOR**

Tras la apertura de un nuevo centro de almacenaje y distribución en la zona norte del país, GLM, S. A., (Grupo Logístico Madrileño) deberá analizar detenidamente cuáles son los factores a tener en cuenta respecto a los procesos de

Continúa en página siguiente >>

<< Viene de página anterior

comunicación con los nuevos clientes de la zona, con el fin de no cometer los mismos errores que le han supuesto perder más de un 13 % de clientes en los últimos cinco años.

Teniendo en cuenta que el éxito de cualquier institución depende tanto del conocimiento e identificación de sus miembros con los objetivos a alcanzar como de la creación de un clima de trabajo favorable, es fundamental diferenciar correctamente entre los términos **información y comunicación.**

Para su esclarecimiento debes saber que la información no es más que la transferencia de un mensaje del emisor al receptor, mientras que **la comunicación es algo más compleja,** ya que en ella intervienen otros elementos.

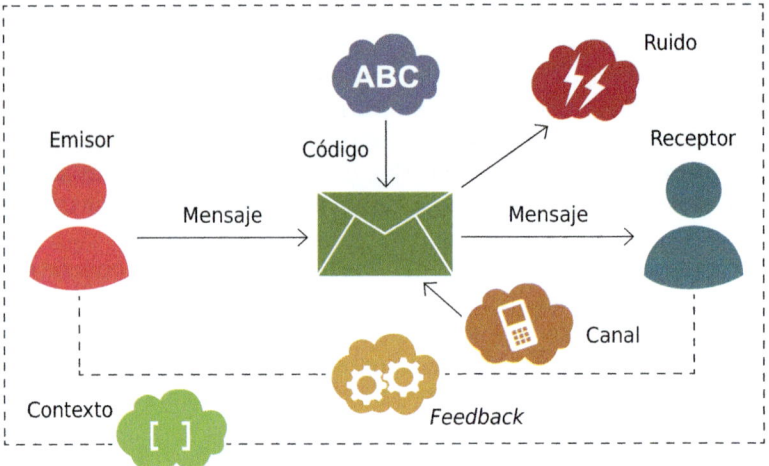

- ◔ **Emisor:** se define como aquella persona que desea comunicar algo a alguien, es decir, que tiene una intención comunicativa.
- ◔ **Mensaje:** contiene la información que se desea transmitir (ideas, conceptos, avisos, sentimientos, peticiones, etc.
- ◔ **Receptor:** persona que recibe e interpreta el mensaje gracias a la decodificación.
- ◔ **Canal:** medio a través del cual el emisor transmite el mensaje al receptor.
- ◔ *Feedback* **o retroalimentación:** toda aquella información que recoge el emisor a través de los efectos que causa su mensaje en el receptor.

- ⮑ **Código:** comprende el conjunto de reglas que se usan para elaborar el mensaje.
- ⮑ **Ruido, barreras o distorsiones:** elemento negativo que puede intervenir en el acto comunicativo, ya que constituye una perturbación que sufre el mensaje en dicho acto.
- ⮑ **Contexto:** situación en la cual se produce el mensaje.

Son muchas las ocasiones en las que se comete el error de utilizar los conceptos de información y comunicación de manera indiferente, cuando realmente hacen referencia a realidades distintas.

A continuación se muestra cuál es la principal **diferencia entre ambos conceptos:**

Información	Comunicación
- **Actúa de forma unidireccional.** - El carácter unidireccional que posee la información indica que cuando esta se produce la persona que la recibe no puede emitir un mensaje de contestación al mismo de forma inmediata, por lo que se limita a recibir las ideas o mensajes transmitidos.	- **Es bidireccional.** - Alguien emite un mensaje y otra persona es la que lo recibe, pero al hacerlo suyo reacciona ante dicho mensaje, transmitiendo posteriormente al emisor inicial las consecuencias provocadas por este.

En resumen, en la información tiene lugar una simple transmisión de mensajes sin haber preocupación de lo que ocurrirá después, mientras que en la comunicación es necesario que se genere una **retroalimentación o *feedback*** con la información de retorno.

IMPORTANTE

La información se basa en un sistema unidireccional, ya que no existe respuesta alguna del receptor al mensaje transmitido.

- -

ACTIVIDAD COMPLEMENTARIA

1. Lee detenidamente el siguiente extracto:

"(...) El proceso humano a través del cual solo se logra la transmisión de ideas, opiniones, puntos de vista de un emisor a un receptor, sin que medie la interacción social, la interinfluencia y la retroalimentación se considera transmisión de información. (...) En el proceso de transmisión de información, el mensaje es un fin y en el acto comunicativo el mensaje es un medio".

Navarro, D. y Pémberton, F.: "¿Comunicación o transmisión de información?", en Contribuciones a las Ciencias Sociales, https://www.eumed.net/rev/cccss/19/nlpb2.html

Partiendo del mismo, analiza las diferencias y semejanzas que existen entre un proceso comunicativo y un proceso de transmisión de información.

El primer elemento de obligado conocimiento es que **es imposible no comunicar.** Hay que partir del hecho de que cuando se habla, parece que está claro que se comunica, pero también se hace al estar callados, cuando solo se mira o cuando se camina por la calle; es decir, se quiera o no siempre se está comunicando.

 EJEMPLO

Además de la comunicación verbal; la forma de vestir, de comportarse o de gesticular también transmite información sobre la persona, esto es, comunicación no verbal.

No obstante, en la empresa se dan múltiples procesos de comunicación informativa, ya que existe **difusión de tareas, planes, ofertas y horarios** que generan una forma y estilo de hacer las cosas en la misma, **criterios establecidos por la dirección,** así como **motivación personal y grupal** basada en incentivos y remuneraciones.

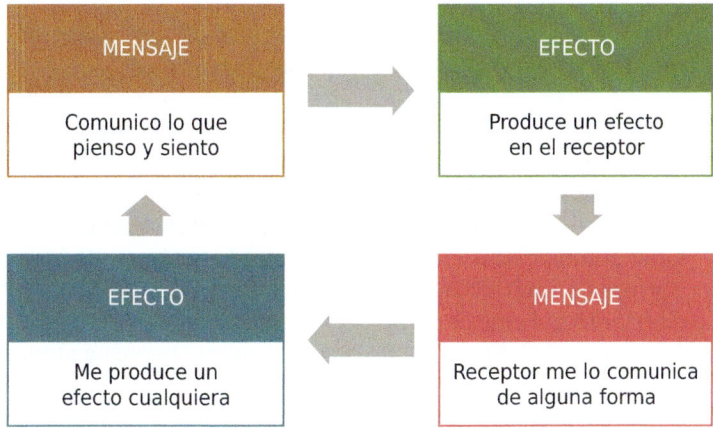

Relación existente entre el mensaje y su posterior efecto.

 **NOTA**

Todo mensaje produce un efecto y todo efecto produce un nuevo mensaje, por ello se afirma que la comunicación es bidireccional.

3. Barreras en la comunicación con el cliente

☞ **HILO CONDUCTOR**

A pesar de su gran importancia son frecuentes los casos en los que se pasan por alto los supuestos no comunicados en torno a los cuales se interpretan los mensajes. Tal es el caso de uno de los directores de zona de GLM, quien ha comunicado recientemente su intención de visitar las nuevas instalaciones, omitiendo en todo momento el objeto de la visita.

Durante el proceso comunicativo pueden aparecer distorsiones que ocasionen problemas de comunicación, obstáculos que dificultan e incluso anulan el impacto del mensaje que se quiere transmitir. Son las denominadas **barreras de la comunicación,** que deforman la información e **impiden que la comunicación sea eficiente.**

La mayoría de los autores coinciden en clasificar las diferentes **barreras de la comunicación** en cinco grandes **categorías:**

- **Barreras físicas:** errores que se producen tanto en el medio como en el canal utilizado para hacer llegar el mensaje, pudiendo distorsionar y anular el mismo (interferencias, ruidos, etc.).
Por ejemplo, cuando dos o más personas intentan comunicarse en un lugar con mucho ruido, el mensaje puede no llegar de forma exacta.
- **Barreras semánticas:** obstáculos unidos al lenguaje, idioma o educación tanto del emisor como del receptor.
Por ejemplo, el dependiente de un comercio necesita atender a dos personas que hablan un idioma que este no entiende.
- **Barreras sociográficas:** interferencias producidas a causa de factores como la clase social, la religión o la edad y que están muy ligadas a las creencias individuales.
Por ejemplo, posible rechazo que puede provocar la relación con personas de alto poder adquisitivo.
- **Barreras actitudinales:** aquellas que se basan en los deseos, necesidades e intereses de las personas.
Por ejemplo, la comunicación con una persona con deseos o intereses contrapuestos puede generar interpretaciones erróneas del mensaje.
- **Barreras psicológicas:** obstáculos que crea la mente a causa de la personalidad y las creencias del individuo y que pueden anular gran parte de la comunicación (prejuicios, pensamientos opuestos).
Por ejemplo, la comunicación no verbal es distinta en cada cultura, esto puede llevar a interpretaciones erróneas de los mensajes.

 **APLICACIÓN PRÁCTICA**

Marta está sufriendo últimamente falta de concentración en el trabajo por problemas de tipo personal. Según esto, ¿sabrías determinar a qué barrera responde la falta de concentración referida?

Solución

Una falta de concentración en el trabajo por problemas personales es una barrera psicológica, en tanto que parte de la forma individual que cada persona posee para percibir y comprender el mundo que le rodea, así como sus prejuicios y la necesidad de satisfacer requerimientos emotivos.

4. Puntos fuertes y débiles en un proceso de comunicación

👉 **HILO CONDUCTOR**

Además del análisis de los factores que influyen en los habituales procesos de comunicación, el Departamento de Protocolo y Comunicación Corporativa de la empresa ha optado también por llevar a cabo una evaluación de los aspectos que hay que mejorar durante la realización de dichos procesos; de esta forma, Fabio Dovizioso, responsable del departamento, ha decidido recopilar en un dossier las novedades en materia de atención telefónica al cliente, haciendo especial hincapié en el uso de las fórmulas de cortesía y el manejo adecuado de la comunicación no verbal.

Todas las barreras que has visto representan los **puntos débiles en un proceso de comunicación.** Es decir, analizando las mismas se podría pensar que la comunicación es un elemento muy complejo y que realmente se produce una enorme disminución entre lo que se piensa, lo que se quiere decir, lo que realmente se dice, lo que se pierde por el canal, lo que en realidad recibe la otra persona y lo que finalmente esta recuerda.

Aplicando este principio a la atención al cliente, hay que ser cautos a la hora de transmitir información para tener la seguridad de que todo se ha entendido correctamente.

 SABÍAS QUE...

Desde que la comunicación es pensada por el emisor hasta que es comprendida por el receptor el mensaje sufre una reducción de hasta un 60 % con respecto al pensamiento inicial.

No obstante, hay muchos elementos que intentan analizar la comunicación, conformando los **puntos fuertes** de la misma, que se concentran en los estudios de cómo transmitir un mensaje para que se produzca total sinfonía entre el emisor y el receptor del mismo. Uno de ellos, señalado como punto fuerte del proceso de comunicación, sería la comprensión, considerada como el significado que debe entenderse y que genera una reacción en la otra persona.

Un elemento básico de la comunicación eficaz es que se expresa con claridad, que es convincente con sus palabras y sus gestos, así como sincera, educada y respetuosa con sus interlocutores.

Con el uso de las nuevas tecnologías, las actuales formas de comunicación han hecho modificar los códigos empleados, creando nuevos sistemas y vocabularios.

Otro elemento básico que hace fuerte la comunicación es la **flexibilidad del lenguaje,** entendido este como la posibilidad de cambiar las estrategias e incluso determinados aspectos formales con naturalidad para adaptarlos al receptor. Esta cualidad exige que se tengan varios registros de comunicación para poder adaptarlos al nivel social, cultural e incluso emocional de la persona que escucha, y de esta forma hacerse entender y sentir mejor por parte del interlocutor.

 ACTIVIDAD COMPLEMENTARIA

2. Reflexiona sobre los puntos fuertes más comunes durante los procesos de comunicación que las empresas establecen a diario con sus clientes.

TAREA 1

El Departamento de Promoción de una empresa de telefonía móvil va a lanzar en breve la nueva campaña de uno de sus productos estrella; sin embargo, antes de lanzarla al mercado, la campaña tiene que ser aprobada por los directivos de la empresa, motivo por el cual el departamento ha organizado una presentación en la que estarán presentes tanto el director general de la compañía como los directores de las áreas de Finanzas, Producción y Recursos Humanos. En esta reunión, el jefe de Promoción dará una explicación sobre cómo surgió la idea de la nueva campaña y presentará el eslogan y el vídeo promocional, así como los diferentes folletos y anuncios que se emplearán durante la emisión de la misma.

En base a esto, identifica y diferencia los distintos procesos de información y de comunicación que se producen a lo largo de la situación que se plantea.

A continuación, elabora un guion que recoja la posible conversación mantenida entre los personajes que aparecen en el caso.

5. Elementos de un proceso de comunicación efectiva: estrategias y pautas para su consecución

 HILO CONDUCTOR

Dentro del documento que está elaborando Fabio Dovizioso aparecerán también recogidos los procedimientos a seguir para que la comunicación establecida con los clientes resulte efectiva, sobre todo, en lo que se refiere a la comunicación interpersonal; de hecho, un elevado porcentaje de las carencias detectadas hasta ahora en materia de comunicación han sido observadas en este tipo de procesos.

Comunicarse efectivamente es un requisito básico para obtener la respuesta deseada por parte del cliente, por lo que muchas de las carencias profesionales en la relación con este tienen su origen en una mala transmisión del mensaje que se desea comunicar.

En este sentido, una comunicación es efectiva cuando **existe una coheren-cia entre el lenguaje corporal y el lenguaje verbal**, escogiendo el momen-to, las palabras y la actitud apropiada. Por tanto, **para que una comunica-ción resulte eficaz** deben tener en cuenta una serie de **requisitos:**

Claridad
- Los mensajes deben ser comprensibles, por lo que se debe evitar la confusión, la ambigüedad y las malas interpretaciones siempre que se pueda.

Precisión
- Hay que intentar evitar dar demasiadas vueltas a las cosas o incluir datos e informaciones utilizadas como relleno y que no aporten nada al mensaje. Transmitir de forma completa y detallada es tener precisión.

Interés
- El mensaje ha de interesar al receptor, porque en caso contrario ni se escucharía. Hay que tener en cuenta los deseos y necesidades del receptor y adaptarlos al mensaje, de forma que se genere una reacción positiva.

Oportunidad
- El mensaje debe transmitirse en el momento idóneo ya que de lo contrario generará un efecto inverso.

Utilizar lenguaje común
- Es decir, que el receptor se vea reflejado en la forma y en el fondo con lo que la otra persona expone.

Por ello, una comunicación clara, directa y abierta puede promover rela-ciones de carácter satisfactorio, mientras que una comunicación indirecta, circular y confusa puede contribuir a la insatisfacción, llegando a romper las relaciones establecidas con el cliente.

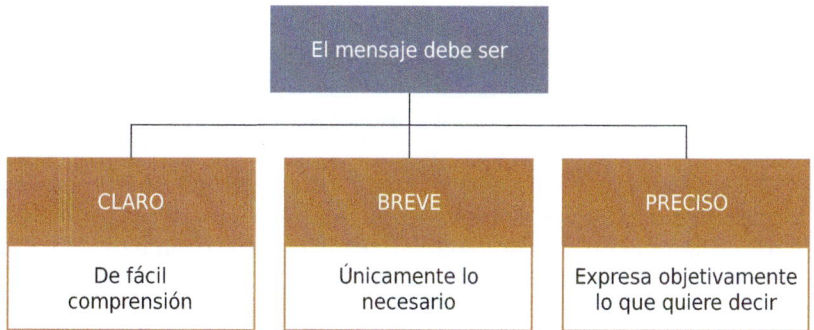

Es importante reflexionar antes de transmitir los mensajes, con objeto de mejorar los niveles y la eficacia de la comunicación.

 **PARA SABER MÁS**

Accede al siguiente enlace en el que se muestra un vídeo que explica de manera pormenorizada en qué consiste una comunicación eficaz y cuáles son los requisitos para lograrla:

https://redirectoronline.com/mf13290101

Antes de transmitir cualquier mensaje, el emisor ha de preguntarse qué es lo que quiere emitir, por lo que el **objetivo primordial de la comunicación debe responder siempre a dos cuestiones:**

En otras palabras, para que un mensaje sea eficaz hay que **anticiparse e imaginar cómo será interpretado por el receptor,** es decir, pensar cómo reaccionará el cliente al recibir el mensaje y valorar el contexto y el momento concreto para evitar cualquier posible error de interpretación.

Asimismo, siempre que sea posible hay que **verificar cómo ha llegado el mensaje** a la otra persona (retroalimentación o *feedback*), ya que además de conformar un elemento básico, permite que el cliente se sienta escuchado, haciendo posible comunicar de la manera más correcta lo que se pretende decir.

IMPORTANTE

El *feedback* permite al emisor recoger las reacciones de los receptores y modificar su mensaje de acuerdo con lo que ha recogido.

- -

Se puede concluir que para lograr una comunicación eficaz hay que seguir diferentes **pautas y estrategias determinadas por una serie de factores:**

- Capacidad de pensar en los deseos de los demás.
- Medición de los niveles de ideas con prejuicios.
- Uso discreto del lenguaje técnico.
- Dejar el hábito de fingir atención y escuchar de forma selectiva.
- Tendencia a fijarse más en el entorno.
- Prestar atención al conjunto de la comunicación.
- No juzgar hasta comprender íntegramente el mensaje.
- Autocontrol, al contener los impulsos se consigue no juzgar hasta comprender de forma integral el mensaje.

IMPORTANTE

El verdadero profesional del servicio y la atención al cliente conoce hoy en día su sector, los medios de comunicación, las técnicas de venta, y los productos y servicios tanto propios como de la competencia.

- -

TAREA 2

El Sr. Domínguez, jefe del área de servicio y atención al cliente de una empresa de seguros para vehículos, ha mantenido una conversación con los miembros de su departamento, a través de la cual les ha transmitido los puntos clave del plan para mejorar la calidad del servicio de atención al cliente que se va a implantar próximamente en la empresa; sin embargo, parece que el mensaje no ha llegado correctamente a los miembros del equipo.

Según esto, elabora un posible guion para la conversación mantenida entre el Sr. Domínguez y su equipo de atención al cliente, en la cual aparezcan distintos ejemplos de las carencias detectadas durante la emisión del mensaje.

---

6. La escucha activa: concepto, utilidades y ventajas de la escucha efectiva

☞ HILO CONDUCTOR

M.ª Luisa Valdivia, responsable del Departamento de Atención al Cliente de GLM, le recuerda constantemente a sus trabajadores que su principal condición como comunicadores no es otra que saber escuchar, pues la verdadera comunicación no comienza hablando, sino escuchando. Tanto es así que una vez a la semana mantiene una reunión con sus empleados, con el fin de hacerles comprender lo importante que resulta la escucha activa en su actividad diaria con los clientes.

Dentro del estudio de la comunicación, la escucha activa se ha convertido en **una de las bases de todas las relaciones humanas;** de esta manera, la atención al cliente, como tarea fundamental del mundo empresarial, acoge dichas técnicas como el soporte para que la eficacia y la rentabilidad del tiempo utilizado sean las máximas posibles.

La escucha activa significa **escuchar y entender la comunicación desde el punto de vista del que habla.**

Por lo tanto, escuchar de forma activa exige un esfuerzo por parte del receptor, ya que se va resumiendo mentalmente de forma paralela y consecutiva a la exposición; de ahí que sea necesario un **entrenamiento tanto en las técnicas como en las actitudes** que generan dicho hábito.

Dentro de la escucha activa, la reformulación es una de las mejores formas para obtener más información.

Una vez delimitado el concepto de escucha activa, es necesario abordar las utilidades que esta presenta, ya que permite **comprender mejor aquello de lo que se está informando,** además de facilitar el seguimiento del proceso comunicativo como tal.

Dicho de otra forma, la **escucha activa proporciona una serie de utilidades** que hacen que merezca la pena el esfuerzo físico y mental realizado para captar la totalidad del mensaje:

> Genera un clima de comunicación positivo.

> Demuestra la profesionalidad e implicación de la empresa.

Continúa en página siguiente >>

<< Viene de página anterior

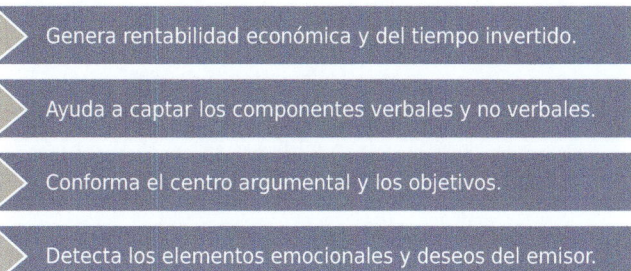

> Genera rentabilidad económica y del tiempo invertido.

> Ayuda a captar los componentes verbales y no verbales.

> Conforma el centro argumental y los objetivos.

> Detecta los elementos emocionales y deseos del emisor.

6.1. Signos y señales de escucha

👉 **HILO CONDUCTOR**

Asunción Embarba trabaja como profesional de atención al cliente en uno de los centros de almacenamiento del grupo GLM, donde todo el personal reconoce su labor; sin embargo, la dirección de la empresa le ha transmitido en ciertas ocasiones las quejas de varios clientes por haber sido incapaz de adoptar una actitud de empatía hacia ellos, limitándose a estar de acuerdo con los pensamientos o sentimientos de dichos clientes.

Como has visto hasta ahora, aprender a **escuchar al cliente y demostrárselo** es uno de los instrumentos básicos para lograr una comunicación eficaz; sin embargo, este recurso carecería de eficacia y significado si no fuera por los componentes verbales y no verbales que lo integran.

> **Componentes verbales**
> - Repetición de las últimas palabras de la frase del cliente.
> - Elementos de aprobación o negación breves y concisos.
> - Expresiones para reafirmar las palabras del otro.
> - Resúmenes aclaratorios del tipo "o sea que", etc.
> - Preguntas breves para aclarar algún punto.
> - Palabras que expresen la comprensión que se siente.

Continúa en página siguiente >>

<< Viene de página anterior

Componentes no verbales
- Contacto visual evidente, cifrado entre el 70 % y el 80 % del total.
- Expresión facial de atención e interés.
- Postura incorporada y dirigida hacia el cliente.
- Gestos, manos y cuerpo en consonancia con la comunicación.
- Señales dirigidas hacia la persona que habla.

En lo que a la voz se refiere, diferentes estudios indican que tan solo un 7 % de lo que un cliente recibe de las comunicaciones con una empresa proviene de las palabras utilizadas, mientras que aproximadamente un 38 % lo percibe a través del tono de voz y un 55 % del lenguaje corporal. Esto hace que **el tono de voz empleado sea determinante para el éxito o el fracaso** en una entrevista de ventas.

 TAREA 3

Observa el siguiente vídeo sobre la calidad en la atención al cliente:

https://redirectoronline.com/mf13290104

Tras su visualización, describe la situación que aparece en el vídeo.

Tomando como referencia la actuación del vendedor, explica en qué consiste la escucha activa en el proceso de comunicación que mantiene con la clienta, así como los componentes verbales y no verbales del mismo. Asimismo, justifica la utilidad y ventajas de la escucha activa en las comunicaciones interpersonales.

Con la voz se puede sugestionar, tranquilizar, persuadir, crear confianza y ofrecerle seguridad al cliente; del mismo modo, se puede crear desconfianza, preocupar, disuadir e incluso agredir a este. Por ello, los **atributos más significativos de la voz** a tener en cuenta durante una conversación son los siguientes:

Entonación	Articulación	Locución
- Es la capacidad de modular la voz, adoptando diferentes tonos para transmitir el mensaje.	- La articulación se entiende como el grado de vocalización.	- La locución o ritmo hace referencia a la velocidad con la que el emisor transmite el mensaje.

 EJEMPLO

Respecto a la entonación, algunos aspectos a tener en cuenta en la atención telefónica son variar el tono de voz para evitar la monotonía, el agotamiento o el desinterés y calibrar e igualar el tono del interlocutor para facilitar el proceso en sí.

En resumen, todos estos elementos permiten darle forma a los mensajes, transmitiendo sentimientos y actitudes.

 VÍDEO

A continuación puedes observar un vídeo en el que se explica el proceso de escucha activa, así como las utilidades y ventajas que ofrece esta herramienta para los profesionales de la atención al cliente:

Continúa en página siguiente >>

<< Viene de página anterior

https://redirectoronline.com/mf13290102

 **TAREA 4**

Observa el siguiente vídeo sobre la calidad en la atención al cliente, presentado en la tarea anterior:

https://redirectoronline.com/mf13290104

Tras su visualización, discrimina correctamente los signos y señales de escucha que detectes durante la conversación mantenida entre el vendedor de la ferretería y la clienta.

A continuación, evalúa el tono de voz utilizado por cada uno de ellos a lo largo del proceso, valorando la importancia de emplear un tono amistoso en el trato y comunicación con los clientes.

6.2. Componentes actitudinales de la escucha efectiva

Si se quiere comenzar a practicar la escucha activa permanente, hay que **tener presente en todo momento una serie de componentes de la actitud** que facilitan dicho hábito como, por ejemplo, el fomento de la tolerancia, el hecho de no juzgar o el hábito de no criticar, ya que de lo contrario se acabará provocando una negación de los sentimientos y puntos de vista de los demás.

Asimismo, existe otro factor muy importante a practicar de forma obligatoria, la **empatía,** que consiste en ir incluso más allá de la propia escucha activa, **poniéndose en el lugar de la persona que habla.**

Por otra parte, es necesario aprender a escuchar de verdad, esto es, sin interrumpir nunca cuando la otra persona esté hablando, siempre que sea posible, lo cual generará una sensación de escuchar a los demás con respeto y educación.

Es mucho más probable que los clientes se sientan satisfechos cuando perciben que se les comprende y se sabe responder a sus preocupaciones.

 ## ACTIVIDAD COMPLEMENTARIA

3. Lee con atención el siguiente artículo sobre los denominados mapas de empatía y da respuesta a las cuestiones planteadas.

Continúa en página siguiente >>

<< Viene de página anterior

https://redirectoronline.com/mf13290103

En base al contenido que recoge el artículo, ¿se suele tener en cuenta el punto de vista de los clientes a la hora de diseñar productos, servicios y modelos de negocio? ¿Qué tipo de obstáculos se interponen entre el cliente y sus deseos o necesidades? ¿Consideras que esta propuesta soluciona algún problema real del cliente?

6.3. Habilidades técnicas y personales de la escucha efectiva

La escucha activa posee tanto habilidades propias del área personal, de las creencias y las actitudes, como técnicas, correspondientes al área del aprendizaje y el conocimiento. Así, escuchar de forma activa se refiere a la habilidad de escuchar no solo lo que el cliente está expresando directamente, sino también aquellos sentimientos, pensamientos o ideas que subyacen a lo que está diciendo.

Existe una amplia diversidad de conceptos de tipo personal que hacen de la escucha activa una actividad que se puede mejorar con una actitud determinada de aprendizaje y mejora personal; en otras palabras, una serie de **elementos que dependen única y exclusivamente de la voluntad de mejora de la persona** para conseguirlos.

A continuación se muestran cuáles son y cómo se pueden desarrollar estos elementos personales que facilitan la escucha activa:

- ⮌ Prepararse interiormente para escuchar.
- ⮌ Expresar al cliente que se le escucha con comunicación verbal y no verbal.
- ⮌ Hay que tratar de combatir esta tendencia haciendo un esfuerzo hacia la mitad del mensaje para que la atención no decaiga.
- ⮌ No interrumpir al cliente cuando está hablando.
- ⮌ No juzgar ni ofrecer ayuda o soluciones prematuras.

- No rechazar lo que el cliente esté sintiendo y no argumentar siempre en contra.
- Evitar el "síndrome del experto", esto es, tener las respuestas al problema del cliente antes incluso de que haya contado la mitad de la historia.
- Verificar o decir con nuestras propias palabras lo que parece que el cliente acaba de expresar.
- Emitir verbalizaciones que supongan un halago para el cliente o refuercen su discurso.
- Resumir con el fin de informar al cliente del grado de comprensión o de la necesidad de una mayor aclaración.

Además de los elementos personales, existen una serie de **aspectos técnicos que ayudan a mejorar la comunicación** y pueden definirse como aquellos conceptos que al conocerlos se pueden manejar a favor, con la finalidad de aumentar la eficacia con su práctica. Estos son:

- Al criticar a otra persona, hay que hablar de lo que hace, no de lo que es.
- Tratar los temas de uno en uno y no aprovechar las discusiones.
- No acumular emociones negativas sin comunicarlas.
- No rememorar antiguas ventajas o sacar a relucir los "trapos sucios" del pasado.
- Ser específico. Tras una comunicación específica, hay cambios. Cuando uno no es específico, raramente se moviliza o cambia nada.
- Evitar las generalizaciones. Los términos "siempre" y "nunca" raras veces son ciertos y tienden a formar etiquetas.
- Ser breve. Repetir varias veces lo mismo con distintas palabras o alargar en exceso el planteamiento no es agradable para quien lo escucha.
- Elegir el lugar y el momento adecuados. En ocasiones, un buen estilo comunicativo, un modelo coherente o un contenido adecuado pueden irse al traste si no se ha elegido el momento adecuado para transmitir un mensaje o entablar una relación.
- Si se va a criticar o a pedir explicaciones, hay que esperar a estar a solas con el interlocutor.
- Si se va a elogiar al interlocutor, es recomendable que esté con su grupo u otras personas significativas.

EJEMPLO

Cuando un profesional del servicio de atención telefónica al cliente desea obtener información precisa sobre este durante la fase de descubrimiento de

Continúa en página siguiente >>

<< Viene de página anterior

necesidades, deberá poner en práctica la escucha sintetizada, mediante la cual tomará la iniciativa de la comunicación hacia la consecución de su objetivo.

 TAREA 5

Observa el siguiente vídeo sobre la calidad en la atención al cliente, presentado en las tareas anteriores:

https://redirectoronline.com/mf13290104

Tras su visualización, identifica las habilidades técnicas y personales que el dependiente del establecimiento ha empleado durante la escucha activa en la atención al cliente.

6.4. Errores en la escucha efectiva

Por diversidad de **motivos tanto personales como técnicos,** hay que tener en cuenta que en la escucha efectiva también pueden producirse errores. A continuación se muestran cuáles son los más comunes:

Interpretaciones erróneas del lenguaje del otro
- Se tienen en la mente creencias y prejuicios, así como se puede caer en interpretaciones erróneas del lenguaje de la otra persona, ya que se ignoran palabras, giros lingüísticos de la zona que se desconocen o matices culturales, sociales o religiosos que no se saben utilizar. Ante esto, hay que ser discretos y saber guardar las emociones, preguntar después y conocer los usos diferentes del lenguaje.

Adivinación del pensamiento
- Se produce cuando se intenta pensar en qué es lo que otra persona quiere decir en vez de prestar atención a lo que realmente está expresando, con lo que lógicamente se pierde una gran cantidad de información y se tiende al error.

Desatendiendo al emisor
- Pensar en lo siguiente que se va a hablar, desatendiendo al emisor y, por lo tanto, prestando más atención a los propios pensamientos que en captar los ajenos.

Escucha evaluativa
- Se evalúa mentalmente, por lo general de forma negativa, lo que se está escuchando, con lo que se pierde gran parte de lo que se dice porque la mente está ocupada literalmente en pensar que eso que oye no es posible, que no es creíble, que cómo tendrá esa persona esas ideas tan extrañas y una larga lista de posibilidades de pensamiento ajeno a lo que esta dice. Es difícil dejar la mente libre de juicios evaluativos pero se debe entrenar para lograrlo.

 **RECUERDA**

El profesional de la atención al cliente conoce tanto las técnicas de comunicación como las personales. Lo esencial es la actitud básica de tener la mente abierta, libre de prejuicios, para escuchar de forma acrítica y positiva a todos los clientes.

TAREA 6

Elabora el guion de una conversación entre un cliente y un profesional del servicio de atención de una empresa del sector de la hostelería.

Uno de los participantes representará el rol de un cliente que se encuentra enojado, ya que al hacer el *checking* comprueba que le han cobrado dos días de aparcamiento. El problema es que el recepcionista que le atiende, al cual representarás, no tiene constancia alguna de ese dato, lo cual dará lugar a una agitada conversación entre ambos. Tras varias llamadas telefónicas todo parece haber quedado en un malentendido provocado por la agencia de viajes y el cliente no tiene que pagar el importe del *parking,* ya que esa fue una de las condiciones acordadas con la agencia.

Una vez realizado el guion, identifica los errores cometidos en el diálogo en lo que a pautas verbales y no verbales de comportamiento se refiere, describiendo dichos errores.

7. Consecuencias de la comunicación no efectiva

👉 **HILO CONDUCTOR**

A pesar de las indicaciones dadas por Asunción, algunos de los miembros de la plantilla no han asimilado todavía el uso correcto de los elementos que hacen que una comunicación resulte eficaz, provocando diferentes incidentes con los clientes de la compañía, principalmente con aquellos que presentan quejas y reclamaciones en el Servicio de Atención al Cliente. Tal es el caso de Belinda, una clienta que ha transmitido sus quejas a la empresa en varias ocasiones por el trato que ha recibido por parte de una de las trabajadoras del departamento.

Son muchas las empresas en las que se pueden escuchar frases del tipo "Aquí eso no se puede hacer", "En nuestra empresa el trabajo en equipo no funciona" o "Yo de esto no sé nada. Me limito a hacer mi trabajo lo mejor que puedo y ya está". Evidentemente estas frases denotan una falta total de información y de comunicación dentro de la empresa.

Para no hacer peligrar una organización hay que **rectificar algunas actitudes y actuar en consecuencia,** mejorando la comunicación; de esta forma, para que una persona haga bien su trabajo antes de nada debe saber cuáles son las **posibles consecuencias de no llevarlo a cabo correctamente,** así como la importancia que tiene su trabajo para el resto del equipo y de la empresa en general.

El efecto inmediato de una mala comunicación para el individuo es la **falta de directrices y criterios definidos,** provocando que realice su labor con ambigüedad e incertidumbre. Por ello, es necesario que el trabajador conozca la importancia que tiene su trabajo en la vida de la empresa, sintiéndose parte integrante de un resultado.

Por otra parte, si bien es sabido que el mayor activo de la empresa es el cliente, la **calidad en el servicio al mismo se ve seriamente perjudicada,** de manera que el cliente acabará por escoger otras empresas de la competencia donde hacer sus compras.

Una mala comunicación dentro de la empresa puede llegar a tener graves consecuencias para los clientes de la compañía.

 ## ACTIVIDAD COMPLEMENTARIA

4. Reflexiona sobre las consecuencias de no lograr una comunicación efectiva con los clientes de la empresa, identificándolas.

TAREA 7

Visualiza el guion que elaboraste en la tarea 1, sobre la reunión mantenida en una empresa de telefonía móvil que va a lanzar en breve la nueva campaña de uno de sus productos estrella.

A partir del mismo, explica las posibles consecuencias de una comunicación no efectiva en el contexto de trabajo dado.

----

8. Resumen

La **comunicación** debe entenderse como mucho **más que un intercambio de información.** Cuando las personas se comunican entre sí, pretenden satisfacer sus necesidades, pero lograrlo depende de la actitud mostrada por cada una de ellas, de ahí la **importancia de una comunicación eficaz y eficiente** en el seno de la empresa.

En ese sentido, la **atención al cliente** se concibe como el nexo de unión de tres conceptos básicos:

Mediante el esmerado trato en la prestación del servicio, el cuidado de los detalles, la disposición del servicio que manifiesten los trabajadores y el cumplimento de los compromisos se logra satisfacer al cliente. Por ello, los elementos que constituyen la actitud comunicativa de los profesionales de atención al cliente son fundamentales para que puedan ser admitidos como objetivos propios y ser desarrollados para la consecución de nuevas metas.

Todo ello debe encuadrarse en el marco de las **técnicas de escucha activa,** incidiendo en la importancia que tienen hoy en día, ya que el cliente aspira a nuevas expectativas que pasan por un trato excelente, por lo que hay que desarrollar la atención y el trato al cliente como técnicas de las empresas que saben valorar la figura del cliente como su verdadera y única razón de ser.

Por tanto, el papel de la comunicación tanto verbal como gestual resulta fundamental y decisivo para lograr una adecuada y correcta atención al cliente. Entre los aspectos que nunca hay que descuidar destacan el empleo de un lenguaje sencillo o técnico en función del interlocutor, saber escuchar a los clientes o utilizar correctamente la comunicación no verbal. En cualquier caso, es necesario observar qué barreras influyen en el trato diario del cliente, con el fin de eliminarlas, logrando así una comunicación positiva y eficaz.

Entre las barreras más habituales se encuentran las siguientes:

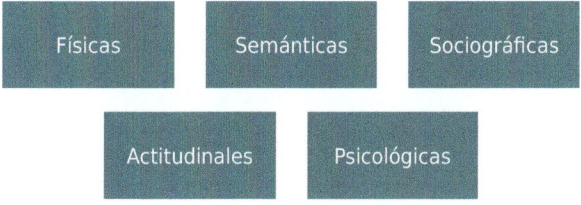

Ejercicios de autoevaluación
Unidad de Aprendizaje 1

1. La información es un proceso que actúa...

    a. ... de forma unidireccional.
    b. ... de forma bidireccional.
    c. ... con varias direcciones.
    d. Todas las opciones son incorrectas.

2. Indica si las siguientes afirmaciones son verdaderas o falsas.

    a. La persona que recibe la comunicación siempre reacciona de una u otra forma.

        ■ Verdadero
        ■ Falso

    b. La comunicación eficaz no parte de las actitudes que se tiene hacia uno mismo.

        ■ Verdadero
        ■ Falso

3. El *feedback* o retroalimentación se da en...

    a. ... la información.
    b. ... la comunicación.
    c. ... la desinformación.
    d. Todas las opciones son incorrectas.

4. Indica si las siguientes afirmaciones son verdaderas o falsas:

    a. Las barreras semánticas son los errores que se producen tanto en el medio como en el canal utilizado para hacer llegar el mensaje.

        ■ Verdadero
        ■ Falso

b. Guardar silencio ante algo que nos transmiten también es comunicar.

- ■ Verdadero
- ■ Falso

5. **Las barreras actitudinales son aquellas que se basan en...**

a. ... los deseos, intereses y necesidades de las personas.
b. ... los intereses del cliente.
c. ... las actitudes de los clientes.
d. Todas las opciones son correctas.

6. **El mensaje debe transmitirse en el momento idóneo ya que de lo contrario, generará un efecto...**

a. ... inverso.
b. ... elevado.
c. ... apropiado.
d. ... longitudinal.

7. **¿Qué genera la escucha activa?**

a. Un clima de comunicación positiva.
b. Un clima de desconfianza.
c. Un clima agradable.
d. Un enorme malestar en la audiencia.

8. **¿Cómo se denomina la capacidad de ponerse en el lugar de la persona que habla?**

a. Empatía
b. Escucha activa
c. Escucha proactiva
d. Paráfrasis

9. Completa la siguiente frase:

Las barreras psicológicas son los _____ que crea la mente a causa de la personalidad y de las creencias que se tienen.

10. Los medios escritos como la prensa suelen dar una información de tipo...

a. ... subjetiva.
b. ... objetiva.
c. ... unidireccional.
d. ... bidireccional.

Técnicas de atención básica a clientes

Contenido

Objetivos

Los objetivos específicos de esta Unidad de Aprendizaje son:

→ Adoptar actitudes y comportamientos que proporcionen una atención efectiva y de calidad de servicio al cliente en situaciones sencillas de atención básica en el punto de venta.

→ Aplicar técnicas de atención básica en distintas situaciones de demanda de información y solicitud de clientes.

→ Adoptar pautas de comportamiento asertivo adaptándolas a situaciones de reclamaciones y/o solicitudes de clientes en el punto de venta o reparto a domicilio.

1. Introducción

En el desarrollo de los estudios enfocados a **cómo lograr la máxima calidad de la atención al cliente** destacan aquellos que contienen elementos referidos a la comunicación. Tanto es así que actualmente se considera que la forma en la que el cliente se siente atendido conforma una gran parte de la percepción final de la satisfacción del mismo, ya que lo realmente vital para que este repita una compra en un establecimiento o tras una llamada telefónica es la sensación personal de si **se ha sentido escuchado y comprendido.**

De ahí que, si queremos ser unos profesionales eficaces, que lleven a las empresas a un futuro de rentabilidad y liderazgo, debemos estudiar de forma pormenorizada los aspectos más sutiles de la escucha y de la forma en que influye la comunicación verbal, así como los últimos avances en comunicación no verbal o cómo influyen en nuestros clientes el estilo de la vestimenta o el peinado que se lleva, siempre con el objetivo de hacer que el cliente compre un mayor volumen de productos o recuerde la compra que hizo cuando de nuevo desee algo.

Para el desarrollo del contenido tomaremos como referencia tanto la tipología de clientes que conforman la base de datos de GLM como los estilos de respuesta y técnicas de asertividad que el equipo de vendedores de esta empresa pone en práctica a diario durante el desarrollo de su labor.

2. Tipología de clientes

 HILO CONDUCTOR

Los profesionales encargados de la atención al cliente del grupo GLM son conscientes de que, al igual que en la mayoría de las empresas, los clientes que conforman su base de datos presentan particularidades que los hacen diferentes entre sí, aunque lleguen a coincidir en los productos o servicios que solicitan; sin embargo, estos profesionales no siempre aplican correctamente las estrategias de atención que requiere cada tipo de cliente. Es el caso, por ejemplo, de José Moreno, quien a pesar de su amplia experiencia dentro de la empresa, todavía es incapaz de distinguir entre un cliente silencioso y un cliente tímido.

Las necesidades y deseos de los clientes se ven claramente afectados por su forma de pensar, de sentir, de razonar, etc. Es decir, que todos ven la realidad de lo que desean, sienten necesitar y, finalmente, **compran a través de la forma en la que perciben el mundo.** En base a esto, es posible definir una serie de características comunes, en relación a los rasgos de la personalidad concreta, a las que corresponderán actitudes similares a la hora de acudir a comprar.

Lógicamente, es imposible englobar todas las personalidades existentes, por lo que la clasificación que se muestra a continuación recoge la **caracterización de las tipologías de clientes más comunes** en el mercado.

2.1. El cliente reservado

Es aquella persona que apenas contesta a las preguntas del vendedor, incluso pareciendo no entender lo que se le dice. Todo ello puede estar motivado por su timidez, la desconfianza y el miedo a equivocarse; o bien a dificultades para expresarse.

Hay que ser extremadamente amable, demostrándole interés por sus deseos. Se deben hacer preguntas cuyas respuestas intenten ser afirmativas, repitiendo los argumentos de formas distintas. Al hacerle preguntas, hay que tener cuidado de realizarlas en un tono de voz suave, para no generar malestar en dicho cliente.

2.2. El cliente silencioso

Existen multitud de razones por las que una persona puede estar callada: porque no tenga confianza en sí mismo, porque sea muy pensadora, porque no sepa conversar, o por otras razones que el profesional nunca descubrirá.

Se pueden hacer muchas preguntas a una persona silenciosa para obtener una respuesta. Estas serían aquellas que le piden opinión, realizadas con la técnica de las preguntas abiertas, es decir, aquellas que comienzan con las palabras: qué, cómo, cuándo, etc. Para aplicarlas hay que desarrollar mucha paciencia, ya que la tendencia natural de estos clientes es resistirse a contestar.

NOTA

Es muy posible que haya que realizarle bastantes preguntas a un cliente silencioso para lograr al menos una respuesta.

2.3. El cliente tímido

Este tipo de cliente se presenta inseguro de sí mismo, quizá bajo una presión de relacionarse con los demás, o bien de protección.

Hay que intentar acrecentar la confianza del cliente, mediante demostraciones físicas palpables, como pueden ser el catálogo, fotografías, facturas, etc., que generen tranquilidad en él.

NOTA

En el tratamiento del cliente tímido, se debe tener muy en cuenta evitar el uso de palabras agresivas o que obliguen al cliente a una rápida toma de decisiones.

2.4. El cliente hablador

Este tipo de cliente se caracteriza por su gran locuacidad, ya que no para de hablar, pareciendo ignorar el paso del tiempo y tratando incluso temas que no tienen nada que ver con el objeto de la compra.

Hay que escucharle con agrado y simpatía, pero intentando retomar la conversación hacia el tema que interesa para la venta de forma paciente, evitando entrar en discusiones, para prevenir la dispersión natural de estas personas.

2.5. El cliente polémico

Este cliente se caracteriza por estar siempre descontento y, por ello, le encanta entrar en discusiones, exigiendo razones de por qué se hacen las cosas de determinada manera. Puede mostrarse agresivo y brusco, haciendo observaciones negativas e irónicas acerca de los productos, del servicio o de la empresa. Bajo la apariencia de dominación, suele esconderse una notable inseguridad en sí mismo, ya que su objetivo suele ser llevar la contraria, sintiéndose entonces superior a los demás.

Hay que escuchar a este cliente con paciencia, prometiéndole hacer caso a sus frecuentes reclamaciones y, sobre todo, no dejando que intimide con sus críticas e irónicos comentarios. Nunca se debe discutir con él, por el contrario hay que mostrarse firmes, con seguridad y moderación.

NOTA

Ante un cliente polémico hay que mostrarse firmes y no sentirse intimidado por sus críticas y comentarios.

2.6. El cliente egoísta

Es un tipo de persona que cree saberlo todo, buscando siempre rápidas ventajas, siendo dominante y con tendencia a falsear la verdad y engañar.

Hay que llamarle con frecuencia por su nombre, demostrando interés por sus asuntos, pidiéndole su opinión e incluso elogiando sus pensamientos.

2.7. El cliente sabelotodo

Es un tipo de cliente muy peligroso, ya que al creer que conoce mejor el producto, el mercado, los precios, las condiciones y hasta la propia empresa que el trabajador, somete a este a una alta presión sobre sus aptitudes.

Lo vital para que este tipo de cliente se vaya contento es que se sienta importante, por lo que hay que poner mucho interés para que se crea que él ha ganado, buscando sus criterios para hacerle sentir bien.

RECUERDA

El aumento del nivel cultural y de información en la sociedad actual quizá haya provocado un incremento en la tipología del cliente "sabelotodo". Este debe generar una actitud determinada por parte del personal de atención al cliente, ya que ha de guardar un trato exquisito sin quitarle la razón, e indicándole a la vez el camino hacia la compra.

2.8. El cliente indeciso

Es un tipo complejo de cliente que duda casi de todo lo que se le ofrece, sin capacidad de elegir aunque lo ofertado no sea muy complicado ni numeroso ya que es inseguro, probablemente con sentido de inferioridad, que duda de todo y que nada le parece del todo bueno.

Lo importante es sentirse seguro en todo momento con respecto a lo que se le dice, ofreciéndole pocas alternativas y dándole la seguridad de que acertará cuando se decida.

El cliente indeciso obliga al vendedor a desarrollar todo su potencial de paciencia, generando confianza y sabiendo dirigir la conversación hacia una decisión final positiva.

RECUERDA

Estudiar la tipología de los clientes es solamente una herramienta que acerca a la mayoría de personalidades existentes; no obstante, nada debe sustituir el esfuerzo por intentar analizar los deseos y características de cada persona de forma individualizada, sin caer en prejuicios ni estereotipos, ya que se podría perder capacidad de personalizar los encuentros de venta.

 **APLICACIÓN PRÁCTICA**

Sandra se encuentra ante un cliente al que, como estrategia de atención, debe ofrecerle pocas alternativas, ¿sabrías determinar de qué tipo de cliente se trata?

Solución

El cliente al que tiene que atender Sandra es un cliente indeciso.

Ante un cliente indeciso lo importante es lograr que se sienta seguro en todo momento. Es muy habitual que sea cliente de un solo vendedor y que si este no se encuentra en el establecimiento regrese otro día. Una forma de paliar este punto es que el vendedor le presente a otro compañero de su confianza, ya que solo así conseguirá que, una vez que sea cliente, acepte ser atendido por más de una persona.

- -

 ACTIVIDAD 1

Julio, propietario de un taller mecánico de reparación de automóviles, ha tomado la decisión de mejorar el servicio que brinda a diario a sus clientes. Para ello, ha pensado que sería buena idea clasificarlos en función del tipo personalidad que presentan; de esta forma, tanto el personal de atención como los operarios del taller sabrían de antemano cómo tienen que actuar con cada uno de ellos.

En base a esto, ayuda a Julio a relacionar correctamente las personalidades que aparecen a continuación con la estrategia de atención que requiere cada una de ellas.

a. Cliente polémico
b. Cliente silencioso
c. Cliente sabelotodo
d. Cliente hablador
e. Cliente indeciso

Continúa en página siguiente >>

<< Viene de página anterior

1. Escuchar sus quejas sin interrumpirlo en ningún momento.
2. Mostrarle la solución de manera que no se ofenda y sienta que fue idea suya.
3. No elevar nunca el tono de voz ni transmitir impaciencia si tenemos que repetir una pregunta.
4. Hacer preguntas cerradas para evitar que el cliente salte de un tema a otro sin orden ni concierto.
5. Mostrar una gama de productos limitada para no saturar al cliente con un exceso de información.

---

3. Comunicación verbal y no verbal

 HILO CONDUCTOR

Pese a la insistencia de uno de los gerentes, M.ª Luisa Valdivia, responsable de atención al cliente en GLM no está por la labor de organizar un nuevo seminario sobre calidad en la atención y el servicio al cliente, ya que personalmente considera que los miembros de su departamento han recibido ya suficientes horas de formación como para desempeñar su labor con gran solvencia; de hecho, ella misma se encarga de corregir los posibles errores cometidos por sus trabajadores, profundizando en las estrategias de tratamiento y atención a la clientela.

Dentro del estudio de la comunicación con clientes, uno de los principales aspectos es el estudio de las formas en que se intentan transmitir las ideas a los demás con el objetivo de que lleguen en las mejores condiciones. Es por ello por lo que hay que profundizar en los **elementos de los que se compone la comunicación** para poder **adecuarlos a lo que el personal de atención y los propios clientes desean y esperan** conseguir.

Son muy pocos vendedores los que tienen una estrategia diseñada para utilizar su comunicación no verbal en el cierre de la venta.

3.1. Concepto y componentes

La **comunicación verbal** es aquella que **se basa en el lenguaje hablado.** Dentro de este hay que subrayar la importancia que poseen elementos básicos como el vocabulario o el estilo. Por otra parte, la **comunicación no verbal** es la que se basa en el **lenguaje no hablado,** es decir, en el lenguaje corporal o gestual.

Son muchos los factores que integran los distintos tipos de comunicación, cada uno de ellos con una determinada importancia sobre el total de la misma. En primer lugar, hay que destacar la estrecha relación entre ambos tipos de comunicación.

Dentro de la comunicación verbal, el factor más importante es el **lenguaje,** pero en la misma se envían y reciben una enorme cantidad de mensajes que no vienen expresados en palabras. Estos mensajes son los que se denominan **mensajes no verbales** y hacen referencia a los movimientos del cuerpo, la postura y el tono de la voz, entre otros aspectos. En este sentido, el psicólogo Albert Mehrabian concluyó en los años 80 que, cuando se comunican emociones y sentimientos, **más del 90 % del mensaje recae sobre la comunicación no verbal.** Es decir, solo un 7 % de lo que recibe el interlocutor proviene de lo que se ha dicho con la palabra, mientras que el 93 % restante procede de la comunicación no verbal.

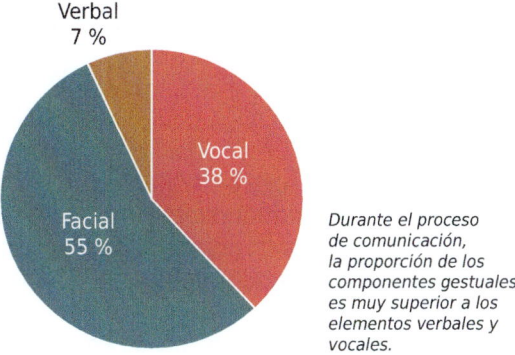

Verbal
7 %

Vocal
38 %

Facial
55 %

Durante el proceso de comunicación, la proporción de los componentes gestuales es muy superior a los elementos verbales y vocales.

3.2. Signos de comunicación corporal no verbal

Las personas **imitan con mucha frecuencia las actitudes corporales de los demás,** ya que dos personas que comparten un mismo punto de vista suelen tener también una misma postura. En esta línea, se ha observado que **aquellas personas que no se conocen evitan cuidadosamente adoptar las mismas posturas.**

Por tanto, la importancia de la imitación puede llegar a convertirse en una de las lecciones más significativas que se puede aprender, pues es la forma en que los demás expresan que coinciden con alguien o que les agrada. Así, entre los signos de comunicación corporal no verbal se pueden destacar tanto **movimientos posturales como gestuales.**

La postura no es solamente una clave acerca del carácter, es también una expresión de la actitud. En efecto, muchos de los estudios psicológicos que se han hecho sobre la postura la analizan según lo que revela acerca de los sentimientos de un individuo con respecto a las personas que lo rodean.

Por ejemplo, se ha observado que cuando alguien se inclina levemente hacia adelante, pero relajado y con la espalda algo encorvada, probablemente simpatiza con la persona que está con él.

NOTA

La postura es el elemento más fácil de interpretar en el comportamiento no verbal.

El tacto, el gusto y el olfato son sentidos de proximidad. El oído y la vista, en cambio, pueden generar experiencias a distancia.

La piel es el reflejo de las emociones, como el miedo, la ira o el odio. El tacto posee una clase especial de proximidad, puesto que cuando una persona toca a otra la experiencia es total e inevitablemente mutua. La piel se pone en contacto con la piel, en forma directa o a través de la vestimenta, y se establece una inmediata toma de conciencia de ambas partes. Esta toma de conciencia es más aguda cuando el contacto es poco frecuente.

Hay que subrayar que lo que la persona experimenta a través de la piel es mucho más importante de lo que la mayoría de las personas piensan. Los labios, el dedo índice y el pulgar, sobre todo, ocupan una gran parte del espacio cerebral. La experiencia táctil, por lo tanto, debe considerarse muy compleja y de gran significación.

Todo ser humano está en contacto constante con el mundo exterior a través de la piel, a pesar de que no es consciente de ello hasta que se detiene a pensarlo. Siempre existe, por lo menos, la presión del pavimento contra la planta del pie o la del asiento contra las nalgas. El tacto es probablemente el más primitivo de los sentidos.

NOTA

Si se interrumpe una conversación, la persona que lo hace podrá poner su mano en el brazo de su interlocutor, ya que este gesto podrá interpretarse como pedir "un momento", y evidentemente forma parte del mecanismo de la conversación.

También resulta importante la parte del cuerpo que se toca. Una mano que reposa suavemente sobre un antebrazo tendrá un impacto totalmente diferente al que tendría si se coloca, por ejemplo, sobre una rodilla.

La proporción entre gesto y postura es una **forma de evaluar el grado de participación de un individuo en una situación dada.** Lo realmente importante es la proporción que existe entre los movimientos posturales y los gestuales más que el número de movimientos en sí. Asimismo, las **actitudes corporales reflejan las orientaciones persistentes en el individuo,** por lo que estas posturas y sus variaciones o la falta de ellas representan la forma en que una persona se relaciona y orienta hacia los demás.

A continuación se muestra, a modo de ejemplo, una tabla en la que podrás observar lo que reflejan diferentes gestos y elementos expresivos:

GESTOS Y ELEMENTOS EXPRESIVOS	LO QUE REFLEJA
Entrelazar los dedos	Autoridad
Dar un tirón al oído	Inseguridad
Mirar hacia abajo	No creer en lo que se escucha
Golpear ligeramente los dedos	Impaciencia
Palma de la mano abierta	Sinceridad, franqueza e inocencia
Cruzar las piernas, balanceando ligeramente el pie	Aburrimiento
Brazos cruzados a la altura del pecho	Actitud a la defensiva
Tocarse ligeramente la nariz	Mentir, dudar o rechazar algo

Evidentemente no hay una manera de aprender a controlar la cualidad del movimiento; de esta forma, la única solución es cambiar nuestras actitudes para que se modifiquen sus representaciones, pues la mayoría de ellas se dan en un nivel inconsciente. Por otra parte, para llegar a conclusiones acertadas hay que **observar los gestos en su conjunto.**

Por último, para llegar a conclusiones acertadas, hay que observar los gestos en su conjunto. La persona perceptiva es la que lee bien las frases no verbales y las compara con las expresadas verbalmente.

Los profesionales que se preocupan por conocer e interpretar el lenguaje corporal de sus clientes obtienen una notable ventaja frente aquellos que no lo hacen.

RECUERDA

La mayoría de los elementos de la comunicación no verbal pasan desapercibidos para el nivel consciente; sin embargo, para el cliente estos factores contribuyen a menudo más de lo que se piensa en la forma en que sienten que son atendidos.

- -

ACTIVIDAD COMPLEMENTARIA

5. Reflexiona sobre cuáles son los sectores en los que los signos de comunicación corporal no verbal de los clientes cobran mayor protagonismo, identificándolos y analizando sus causas.

- -

ACTIVIDAD 2

Hoy es el primer día de trabajo de Sara como personal de atención al cliente en una agencia de viajes especialista en viajes al Caribe. Aunque su experiencia en puestos de cara al público es amplia, siempre le ha costado interpretar las pautas no verbales de comportamiento, lo cual le ha provocado cierta inseguridad a la hora de tratar con los clientes.

Según esto, ayuda a Sara a identificar cuáles de las siguientes pautas verbales y no verbales de comportamiento favorecen una comunicación efectiva con los clientes en un proceso de venta habitual.

a. Observar a los clientes con los que habla.
b. No interrumpir nunca a los clientes durante la conversación.
c. Cambiar inesperadamente de tema para distraer a los clientes.
d. No hacer preguntas para que los clientes terminen antes.
e. Tras recibirlos, juzgar a los clientes según su apariencia.

- -

3.3. La imagen personal

Hoy en día, la imagen de una persona conforma un tanto por ciento muy importante del total de la comunicación que se expresa a los demás, ya que como se ha indicado, aspectos como la ropa, el estilo personal, la higiene, el pelo o el olor de una persona determinarán también la imagen que los demás perciben de ella.

Si se quiere proyectar una **imagen propia y positiva,** lo más importante es **pensar en la coherencia de lo que los demás ven con la empresa** y el estilo que tienen los clientes. Para ello, hay que preguntar a alguien qué piensa de la imagen que se transmite, ya que en muchas ocasiones puede diferir de la que uno mismo cree dar.

A partir de ahí hay que intentar **adaptar la imagen proyectada a la de los clientes,** ya que la conexión tanto a niveles conscientes como inconscientes se alcanza con mayor facilidad cuando alguien que atiende está al mismo nivel de imagen. Al fin y al cabo, las personas tienden a identificarse con quienes quieren compartir sus necesidades y deseos de compra.

Por otra parte, es necesario pensar en cómo nos gustaría que fuera la persona que nos va a atender, qué ropa llevaría, qué peinado se haría, etc., y a partir de ahí formarse una imagen de lo que desearía el cliente, cómo se debería atender a las indicaciones de uniformidad, estilo y formas de expresarse de la empresa a la que se pertenece o a la que se quiere pertenecer.

La forma de vestir, los modales y el comportamiento son el reflejo que se transmite de la empresa o institución a la que se representa.

APLICACIÓN PRÁCTICA

Raja Sairi se encarga del mantenimiento en un hipermercado de su localidad, en el transcurso del día ha realizado varios trabajos que han manchado su uniforme de trabajo y han llenado de grasa sus manos.

La empresa se encuentra en plena campaña de Navidad y está experimentando una demanda fuera de lo común, por lo que sus empleados no dan abasto atendiendo a los clientes. El responsable de ventas ha llamado a Raja para que ayude en la línea de cajas, así que esta se ha lavado las manos y ha cambiado su ocupación. ¿Es correcta la decisión del responsable de ventas?

Solución

La decisión del responsable no ha sido acertada. Cuando un empleado atiende a un cliente se ve en él reflejada la imagen corporativa de la empresa, en este caso, dado que las tareas que desempeña Raja son propicias a manchar la ropa, la imagen que transmitirá no será la adecuada.

TAREA 8

Cristina trabaja desde hace años como azafata de imagen en Madrid, profesión que la obliga a realizar continuos desplazamientos y ausencias de su domicilio. Sabedora de que representa la imagen de una marca, esta azafata lleva a cabo un exhaustivo cuidado de su imagen todo el tiempo. Esa constancia, sumada a su amplia formación y dilatada experiencia en comunicación, protocolo e imagen, han hecho posible que Cristina se forje un hueco en uno de los sectores más competitivos del mercado.

La próxima semana va a realizar la promoción de un producto capilar en la próxima edición de la Feria Internacional de Estética y Belleza.

Sabiendo esto, explica la importancia de adecuar la imagen personal a la imagen que una empresa transmite al cliente. Una vez que la hayas explicado, argumenta qué papel juegan los signos de comunicación corporal no verbal en la atención que esta azafata brinda a sus clientes.

---

4. Pautas de comportamiento

☞ HILO CONDUCTOR

Pese a la insistencia de uno de los gerentes, el responsable del servicio de atención al cliente de GLM no está por la labor de organizar un nuevo seminario sobre calidad en la atención y el servicio al cliente, ya que personalmente considera que los miembros de su departamento han recibido ya suficientes horas de formación como para desempeñar su labor con gran solvencia; de hecho, él mismo se encarga de corregir los posibles errores cometidos por sus trabajadores, profundizando en las estrategias de tratamiento y atención a la clientela.

Aunque **no existen pautas de comportamiento que garanticen el éxito** a la hora de ofrecer una atención de calidad al cliente, los expertos coinciden en señalar la importancia de estos cinco **aspectos al ponerse en contacto con un posible cliente:**

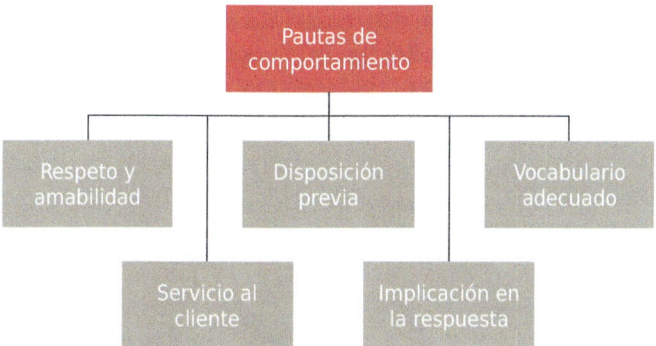

A continuación se analizarán detenidamente cada uno de estos aspectos.

Por lo general, la labor de atención al cliente requiere cierta disposición previa por parte del trabajador que le permita desarrollar sus habilidades y, como consecuencia, realizar un buen trabajo; de esta forma, el potencial que posea el trabajador hace referencia a ciertas características o competencias básicas que **favorecen la adquisición de conocimientos y habilidades** en la prestación del servicio.

Dentro de los conocimientos básicos que debe recibir cualquier trabajador que se dedique a la atención al cliente destacan las nociones de **calidad de servicio y las características del servicio o producto** ofrecido, así como los **procedimientos y las normas de trabajo.** Además, es necesario que los trabajadores conozcan los objetivos de la atención al cliente que pretende lograr la empresa y los métodos utilizados para ello.

4.1. Disposición previa

No hay que olvidar que, el **conocimiento adquirido debe acompañarse de la práctica** para que puedan convertirse en habilidades del puesto de trabajo, así los trabajadores se sentirán más seguros a la hora de realizar sus funciones y la imagen que proporcionarán al cliente será mucho más favorable.

Por último, hay que tener presente que para ofrecer una excelente calidad en el servicio, **las empresas han de crear y mantener un ambiente de trabajo** que motive; de este modo, los trabajadores encontrarán razones para invertir toda su energía en beneficio del cliente, con lo que **la motivación se convierte en un elemento capaz de canalizar el esfuerzo, la energía y la conducta del trabajador hacia la consecución de objetivos** que interesan a las empresas y a la propia persona.

El reconocimiento de un cliente hacia un trabajador por la atención que ha recibido refuerza notablemente su autoestima.

4.2. Respeto y amabilidad

En el cambiante mundo de las relaciones comerciales, es necesario reunir cada vez un mayor número de **cualidades y destrezas para desarrollar de forma eficaz la atención al cliente.** Entre las actitudes que más destacan los clientes cuando reciben un trato exquisito por parte del trabajador está la **amabilidad.** Hay que recordar que **son las percepciones del cliente las que deciden en último caso los niveles de satisfacción.** Por ello, hay que saber lo que los clientes valoran realmente.

Hoy en día, las empresas son conscientes de que la atención al cliente es la forma más rentable, rápida y eficaz de cambiar la percepción positiva y, por lo tanto, el nivel de la satisfacción de los clientes; de hecho, son muchas las posturas que defienden que el **principal activo de una empresa es el cliente,** por lo que se le debe el máximo **respeto,** ya que de su opinión hacia una empresa dependerá en gran medida el futuro de esta; de esta forma, el mayor respeto que se le puede ofrecer a un cliente es **escucharlo con sinceridad y honestidad,** pues a menudo el simple hecho de escucharle supone que este se marche tranquilo y satisfecho.

El saludo al cliente debe ir siempre acompañado de un gesto cordial.

 **PARA SABER MÁS**

Accede al siguiente enlace para ver un vídeo en el que se explica cómo la atención al cliente o al usuario debe tener como finalidad la satisfacción total

Continúa en página siguiente >>

<< Viene de página anterior

del mismo hasta el punto de que una sonrisa a la hora de atender se considera un simple gesto que da al cliente la atención que desea.

https://redirectoronline.com/mf13290201

4.3. Implicación en la respuesta

La forma más avanzada de escucha que una persona puede ofrecer a otra es la **empatía,** entendida como el **nivel máximo de escucha,** en el que una persona se pone en el lugar de otra para entenderla mejor.

 DEFINICIÓN

Empatía
La empatía es la capacidad de implicarse en la respuesta hacia el cliente, de ponerse realmente en la posición del mismo y entender su frustración.

Ahora bien, hay que plantearse cómo lograr empatizar con un cliente que aparentemente no tiene razón en sus afirmaciones y que parece no escuchar al trabajador. Ese debe ser el objetivo de un buen profesional de la atención al cliente, **ser capaz de saber dar el trato adecuado a cada tipo de cliente,** por muy difícil que sea este.

Un cliente difícil que se logre manejar puede convertirse en el cliente más fiel.

 **RECUERDA**

El cliente complejo es el que marca el nivel profesional, ya que cuando somos capaces de darle el trato necesario para que quede satisfecho, avanzamos en nuestra labor y ascendemos en la escala profesional, demostrando que estamos capacitados para aceptar nuevos retos con los clientes más difíciles.

4.4. Servicio al cliente

Los **elementos que generan la satisfacción del cliente** son múltiples y afectan a diferentes aspectos. A continuación, se muestran algunos especialmente significativos:

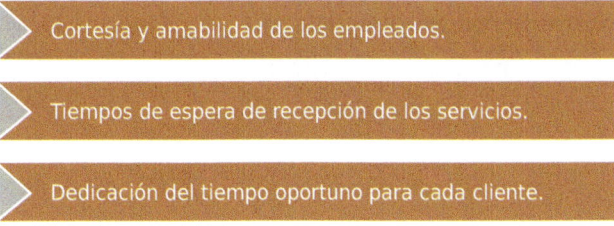

Cortesía y amabilidad de los empleados.

Tiempos de espera de recepción de los servicios.

Dedicación del tiempo oportuno para cada cliente.

Continúa en página siguiente >>

<< Viene de página anterior

> Disposición de la organización para resolver problemas.

> Eficacia en la resolución de conflictos.

> Rapidez en la entrega de servicios.

> Amabilidad y trato recibidos.

 PARA SABER MÁS

Accede al siguiente enlace para conocer los elementos que permiten medir la satisfacción del cliente:

https://redirectoronline.com/mf13290202

El principal problema que existe en relación a la actitud de los empleados de una empresa es que si es positiva se da por hecho que lo merecen los clientes; sin embargo, cuando es negativa se habla de ello a mayor número de personas; es decir, **lo negativo se hace más extensivo y potente que cuando un cliente queda satisfecho.**

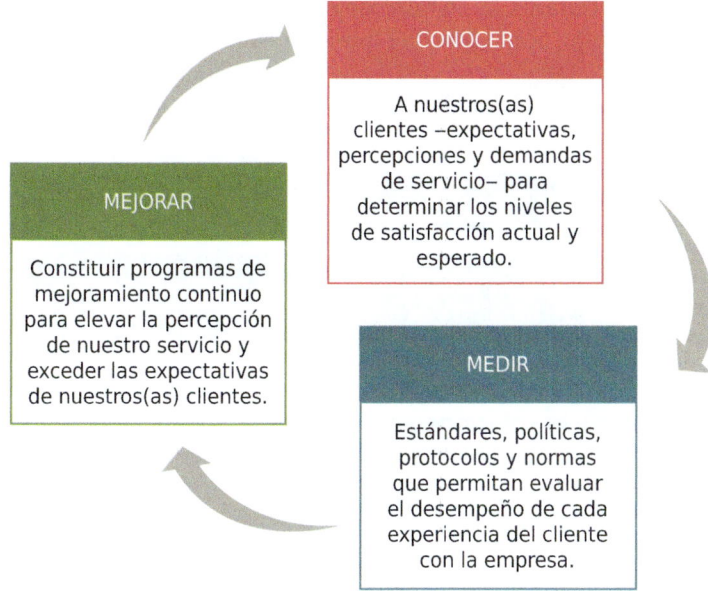

Relación existente entre el mensaje y su posterior efecto.

Hoy en día **las empresas líderes consideran que ofrecen a sus clientes un servicio excelente** cuando este no solo es **eficaz y agradable,** sino que además cumple los siguientes **requisitos:**

- ➲ **Recepción del cliente:** la sonrisa y la comunicación no verbal positiva es fundamental en esta primera etapa de la venta.
- ➲ **Escucha:** el personal de atención al cliente debe escuchar de forma activa al cliente, para descubrir los motivos de compra, sus deseos y necesidades.
- ➲ **Información:** se debe procesar toda la información recibida, con el objetivo de plantear soluciones y alternativas positivas y creativas.
- ➲ **Asesoramiento y venta:** en una empresa todos venden; es la premisa que se debe conocer, ya que la venta se produce en cuanto un cliente entra o llama a nuestra organización.

4.5. Vocabulario adecuado

Teniendo en cuenta que la atención al cliente se basa en la comunicación constante, un requisito indispensable de todo buen comunicador es **adaptarse a su interlocutor,** es decir, hay que tener presente que lo realmente importante durante la comunicación es que el cliente nos comprenda en todo momento, por lo que hay que expresarse en términos adaptados a él.

Para lograr este objetivo hay que:

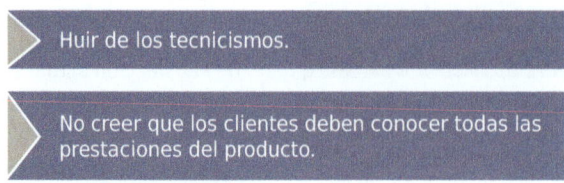

> Huir de los tecnicismos.

> No creer que los clientes deben conocer todas las prestaciones del producto.

Este aspecto se soluciona aprendiendo el vocabulario adecuado a cada tipo de persona, a su nivel sociocultural y, sobre todo, a sus necesidades y deseos.

La cuestión es que la mayor parte de los profesionales encargados de la atención al cliente no caen en la cuenta de lo importante que es el vocabulario para conseguir los objetivos de forma eficaz, ya que **junto a la imagen personal es la tarjeta de presentación ante la figura el cliente.** Por tanto, es recomendable emplear un **vocabulario cómodo y actual, eliminando cualquier expresión negativa** dentro de lo posible y conocer en profundidad el vocabulario específico del sector de la actividad.

👁 EJEMPLO

De nada servirá comunicarse con una persona con un bajo nivel sociocultural utilizando los tecnicismos propios de una profesión compleja, ya que este no captará el mensaje en su totalidad.

TAREA 9

El director de un centro de formación se ha puesto en contacto con una tienda especializada en productos electrónicos para solicitar información a través de la web acerca de la localización de un producto.

Continúa en página siguiente >>

<< Viene de página anterior

Observa el contenido de dicha solicitud:

DATOS PERSONALES

Nombre y apellidos (obligatorio)	FRANCISCO DÍAZ LEÓN
Correo electrónico (obligatorio)	franciscodl@gmail.com
Teléfono (obligatorio)	666854721
Empresa/organización (obligatorio)	FORMACIÓN YA S. L.
Código postal (obligatorio)	29007
Población	MÁLAGA
Dirección	C/ MÁRMOLES, 34
CIF	B92 547 325

PRODUCTOS Y SERVICIOS

Elija el producto o servicio en el cual está interesado (obligatorio)	Proyectores ◢

INFORMACIÓN ADICIONAL

Por favor escriba aquí sus comentarios adicionales	Me pongo en contacto con ustedes para solicitar información acerca del último modelo de proyector que ha lanzado al mercado la marca LAMPUR que en estos momentos tienen en oferta. Asimismo, les pediría que me indicaran la ubicación exacta del mismo dentro de sus instalaciones en caso de que los datos proporcionados se ajusten a lo que necesito en mi centro de formación.
¿Cómo nos ha conocido? (obligatorio)	Seleccione ◢

☑ *Acepto la Política de Privacidad (La encontrará en la parte inferior izquierda de la web)*

Continúa en página siguiente >>

<< Viene de página anterior

A partir de la imagen anterior, en la que puedes observar el contenido de dicha solicitud, interpreta la petición que hace el director del centro, identificando el contenido de la misma. Una vez interpretado su contenido, responde con respeto y amabilidad, empleando un vocabulario adecuado y mostrando en todo momento una actitud de implicación en la respuesta.

---

5. Estilos de respuesta en la interacción verbal: asertivo, agresivo y no asertivo

 HILO CONDUCTOR

Los empleados del Departamento de Atención al Cliente de GLM son conscientes de que un estilo de respuesta no asertivo implica no expresar con claridad lo que se desea o lo que se piensa, de ahí que muchos de ellos le hayan hecho ver esta mañana a Carmen, la nueva compañera del departamento, la importancia de evitar expresiones como "quizás...", "supongo...", etc., ya que disminuyen notablemente la probabilidad de alcanzar los objetivos propuestos durante el proceso de atención al cliente.

Para desarrollar los estilos de comunicación positivos hay que entender los sistemas que implican a la otra persona en su concepto, dentro de los cuales se encuentra la **asertividad,** necesaria para lograr la plena satisfacción del cliente y asegurar el futuro y la rentabilidad de las organizaciones.

 DEFINICIÓN

Asertividad
La asertividad no consiste en ceder a todas las exigencias del cliente, sino en ser flexible, en decir no de manera firme y amable, dándole la razón al cliente cuando la tenga, y sobre todo, calmándolo con el fin de lograr que se muestre más receptivo a la solución propuesta.

En este sentido, el desarrollo de la asertividad **se compone de varios aspectos básicos:**

Tolerancia	Comunicación directa
- Como base de todo el proceso de aceptación de las ideas de los demás.	- Sin agresividad ni sumisión, de las creencias y pensamientos que se tengan, respetando las opiniones ajenas y exponiendo las propias de manera natural y respetuosa.

Por lo tanto, y atendiendo al comportamiento social de las personas, se pueden diferenciar tres posibles **estilos de respuesta:**

- **Estilo asertivo:** este estilo tiende a escuchar de forma activa y empática, a pensar antes de hablar y a prestar atención a las emociones propias y ajenas. Genera eficacia tanto para el que lo usa como para los que le rodean, ya que fomenta alternativas. Además, no tiende a criticar ni a quejarse.
- **Estilo agresivo:** a diferencia del anterior, el estilo agresivo rechaza por lo general las ideas ajenas de forma inconsciente, sin pensar demasiado si interesa escuchar nuevas formas de entender la vida.
- **Estilo pasivo:** en este caso, el sujeto al temer contestaciones adversas prefiere no intervenir, aunque posiblemente terminará quejándose de las decisiones que adopten los demás.

👁 EJEMPLO

El cliente de un establecimiento hotelero ha ido a recepción a protestar por el ruido que producen los niños en la piscina del complejo durante todo el día. Ante esto, el profesional de recepción adoptará uno de los tres estilos de respuesta posibles:

- Estilo asertivo: "Tiene usted razón. Por ello, teniendo en cuenta las preferencias de clientes como usted, se han establecido horarios y la piscina se cierra a las 20:00 h con el fin de que a esa hora haya tranquilidad en la zona".

Continúa en página siguiente >>

<< Viene de página anterior

- Estilo pasivo: "¿Qué quiere usted que haga yo? Los niños, como niños que son, tienen todo el derecho del mundo a jugar".
- Estilo agresivo: "Caballero, ¿no ve que ahora mismo estoy ocupado, atendiendo a esta pareja? Si tiene usted algún problema con los niños, dígaselo a sus padres".

 TAREA 10

Andrés trabaja como técnico en el Departamento de *Marketing* de una empresa especializada en vinos de primera calidad. En estos momentos está preparando la promoción de un nuevo producto para presentárselo a un cliente la próxima semana. En concreto, se trata de una nueva marca de champán que la empresa va a lanzar próximamente al mercado.

El director del departamento le ha dejado entrever a Andrés que sería preciso realizar una serie de cambios en la presentación; sin embargo, Andrés considera que los cambios devaluarían el proyecto y no serían del agrado del cliente. El director insiste en que los cambios propuestos son necesarios, ya que reflejan la política de la empresa y supondrían un valor añadido al producto.

Lo cierto es que hasta ahora Andrés siempre ha mantenido una relación cordial con su responsable.

Tomando como referencia esta situación, explica las diferencias entre los tres estilos de respuesta en la interacción verbal (asertivo, agresivo y pasivo), el comportamiento verbal y no verbal de cada uno de ellos y sus efectos. Para ello, elabora tres posibles diálogos entre Andrés y el director de departamento, con objeto de representar los diferentes estilos.

---

6. Técnicas de asertividad

☞ HILO CONDUCTOR

Minutos después de comprobar cómo atendía a un cliente, M.ª Luisa Valdivia, responsable del departamento, le ha explicado a Carmen que no es recomendable usar siempre la misma técnica de asertividad con los clientes; de hecho, le ha mostrado las posibles consecuencias que puede acarrear esa práctica a su labor diaria, haciéndole ver, por ejemplo, que el disco rayado o el compromiso viable resultan técnicas muy eficaces, siempre y cuando se utilicen en el contexto adecuado y con una frecuencia de carácter medio.

Como has podido comprobar, **el estilo asertivo es el más apropiado a la hora de comunicarse con los clientes,** de ahí que existan diferentes técnicas a aplicar en función del momento y el cliente oportuno, susceptibles de poner en práctica para conocer hasta qué punto son efectivas en su aplicación.

Algunas de esas técnicas son las siguientes:

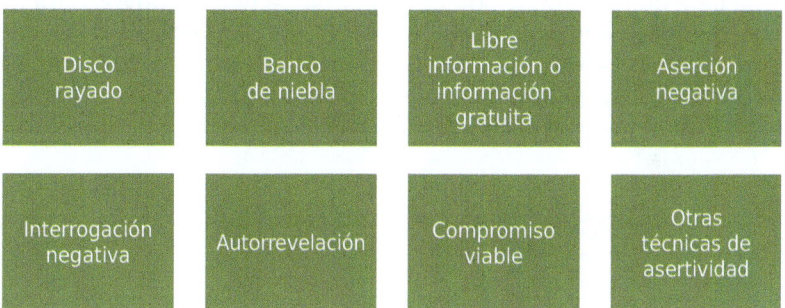

6.1. Disco rayado

Esta técnica consiste en la **repetición de una frase que exprese claramente lo que se desea de la otra persona.** Además, permite insistir en los legítimos deseos sin caer en trampas verbales manipuladoras del interlocutor y sin desviar el tema que importa hasta lograr el objetivo.

En este caso, resulta importante utilizar ciertas palabras una y otra vez en frases distintas, fortaleciendo así la parte principal del mensaje e impidiendo que los demás se desvíen de su mensaje principal. Esta técnica es útil cuando se comprueba que el cliente continúa con su idea anterior y sin enterarse o querer enterarse de lo que se le está diciendo.

El disco rayado debe ir siempre acompañado de un lenguaje no verbal que transmita seguridad y contundencia.

 EJEMPLO

"Sí, ya sé que no estás de acuerdo con venir el sábado a trabajar, pero debemos terminar el proyecto". Repetición de la misma contestación cada vez que se escuche la frase en contra de la idea formulada.

6.2. Banco de niebla

Se trata de **reconocer que la otra persona tiene motivos para mantener su postura, pero sin dejar de expresar que se mantiene otra diferente,** ya que también se tienen motivos para hacerlo; de este modo, se demuestra tener una actitud razonable al tiempo que se le hace ver a la otra persona que la intención no es atacar su postura, sino demostrar otra.

Al otorgarle el beneficio de la duda, el cliente no siente que su criterio esté siendo atacado.

<⊙> **EJEMPLO**

Un ejemplo de este tipo de contestación sería el siguiente: "Pues sí que es caro ese producto". "No es barato, pero merece la pena pagarlo por las prestaciones que ofrece".

6.3. Libre información o información gratuita

Este caso se produce cuando se recibe información que no se ha solicitado y a partir de ahí, se piden más datos para continuar la conversación. En otras palabras se trata de **identificar los indicios que da el interlocutor a lo largo de la conversación** para inferir a partir de ellos qué es lo importante e interesante para esa persona.

A través de la técnica de libre información el cliente facilita al vendedor una información gratuita que favorece la comunicación interpersonal.

<⊙> **EJEMPLO**

Un posible caso de libre información sería: "Vaya, por lo que me comenta es usted aficionado al deporte. ¿Qué opinión le merece el papel de la Selección en el último campeonato?".

6.4. Aserción negativa

La parte esencial para la utilización de esta técnica es recordar que **cualquier persona tiene derecho a equivocarse.** Para ello, hay que reconocer el error de manera abierta y sin pedir disculpas por ello. No hay que entrar en ningún momento en justificaciones, aunque se siga hablando del tema.

La aserción negativa implica una forma de reaccionar ante una crítica justa, sin dar sin embargo demasiadas excusas o justificaciones.

 EJEMPLO

Un ejemplo de este tipo de conversación sería: "El informe que me ha entregado es malísimo". "Tiene usted razón, Sr. García. A mí tampoco me gusta y no es que no haya tenido tiempo, sino que me dieron mal la información".

- -

6.5. Interrogación negativa

Esta técnica consiste en **solicitar mayor desarrollo en una afirmación o afirmaciones de contenido crítico** procedentes de otra persona. El objetivo es llegar a evidenciar si se trata de una crítica constructiva o manipulativa, induciendo al mismo tiempo a la otra persona a expresar honradamente sus sentimientos negativos, con el fin de conseguir una mejora de la comunicación.

 EJEMPLO

Un posible caso de este tipo de técnica sería el siguiente: "Entonces, ¿no le gusta el televisor que le he mostrado hace un momento? ¿Qué inconvenientes le ve?".

- -

Esta técnica resulta útil para conocer los sentimientos o ideas del cliente, facilitando la comunicación cuando este realiza una crítica.

6.6. Autorrevelación

La autorrevelación consiste en **revelar de manera asertiva información sobre uno mismo:** aspectos positivos y negativos de la personalidad, gustos, comportamiento, estilo de vida e inteligencia. Así, esta técnica tiene por objeto fomentar y favorecer la comunicación social, reducir la manipulación y evitar cualquier tipo de especulación.

 **EJEMPLO**

Un ejemplo de autorrevelación sería: "Aunque es verdad que no me gusta mucho el deporte, sí que me interesan los resultados de los partidos de baloncesto".

Gracias a la técnica de autorrevelación, tanto el vendedor como el cliente se sienten más receptivos durante el proceso de comunicación.

6.7. Compromiso viable

El objetivo de esta técnica es lograr que dos personas obtengan parte de lo que desean, es decir, que **ambas partes cedan sin que ninguna se vea perjudicada** en sus derechos, por lo que la limitación en esta técnica es el respeto a lo que uno considera que es correcto.

Con el compromiso viable, se acepta abiertamente lo que el cliente solicita, pero no en el instante de haberlo dicho.

👁 EJEMPLO

Un caso claro de este tipo de situación sería: "Si no le gusta el precio que le ofrecemos, puede esperar a que lleguen las rebajas y le hagamos un descuento".

6.8. Otras técnicas de asertividad

Además de las técnicas de asertividad vistas hasta ahora, hay que destacar la utilidad de otras dos técnicas que, aunque menos frecuentes, son igualmente recomendables en la interacción con los clientes:

Aserción positiva	Aplazamiento asertivo
- Se basa en la aceptación asertiva de las alabanzas que se reciben, pero sin desviarse del tema central.	- Si el grado de nerviosismo a lo largo de una interacción puede llevar a cometer errores, es momento de buscar un aplazamiento asertivo, esto es, dilatar la situación en busca de un poco de tiempo para responder a una crítica que se haya recibido hasta estar más tranquilos para poder responder con competencia.

 EJEMPLO

Un ejemplo de aserción positiva sería: "Es cierto que domino esa herramienta perfectamente; sin embargo, no voy a tener el trabajo terminado para mañana".

Un ejemplo de aplazamiento sería: "Me parece muy interesante la propuesta que me acaba de hacer, pero me gustaría pensarlo".

Como conclusión, se puede afirmar que muchas de estas técnicas son automatizadas y no requieren por tanto una atención concreta cada vez que se hace uso de ellas, es decir, una vez que pasan a formar parte del repertorio de conductas y son interiorizadas, **su empleo se hace prácticamente de forma inconsciente.**

Hay que recordar, además, que a veces **no son los hechos los que condicionan el ánimo o los sentimientos, sino el diálogo interno.** Es decir, si los pensamientos son negativos, el comportamiento asertivo quedará resentido. Pero si, por el contrario, se genera un monólogo interior positivo, este reforzará las actitudes y el reconocimiento de los logros.

 TAREA 11

Durante los últimos cinco años Carmen ha trabajado como personal de atención al cliente en una consultora jurídica, donde ha desarrollado una labor intachable;

Continúa en página siguiente >>

<< Viene de página anterior

sin embargo, su jefa de área le ha hecho una pequeña observación en relación a la gestión de las llamadas telefónicas.

Sabiendo esto, lee con atención la conversación mantenida entre Carmen y su jefa:

- **Jefa de área:** ¡Buenos días, Carmen! ¡Siéntate, por favor!
- **Empleada:** ¡Buenos días! Tú dirás.
- **Jefa de área:** Me han llegado quejas de los clientes, alegando lentitud tanto en la recepción como en la devolución de sus llamadas, por lo cual te pido que aumentes la rapidez y la puntualidad a la hora de atenderlas.
- **Empleada:** Pero si no doy abasto. El teléfono no deja de sonar durante todo el día y todo es urgente y de vital importancia.
- **Jefa de área:** Sí, lo sé. En estos momentos hay mucho trabajo y las llamadas han aumentado; sin embargo, debes encontrar un modo de gestionarlas con una mayor eficacia.
- **Empleada:** No sabía que realizaba tan mal mi trabajo. La verdad es que nunca has tenido queja hasta ahora y yo no puedo hacer más.
- **Jefa de área:** No estoy criticando tu trabajo; de hecho, nunca he tenido queja de él. Tan solo te estoy aconsejando que averigües la forma de contestar con mayor rapidez las llamadas, porque de cara al cliente es muy importante para la empresa dar una imagen de eficiencia.
- **Empleada:** Pues como no me clone no sé qué voy a hacer. Ya te he dicho que se han triplicado las llamadas.
- **Jefa de área:** Soy consciente de ello, por eso te estoy pidiendo que procures modificar la gestión de las mismas para que encuentres una forma de ser más eficaz.
- **Empleada:** De acuerdo, lo intentaré.
- **Jefa de área:** Muchas gracias. Estoy segura de que lo lograrás.

Identifica y explica las técnicas asertivas del banco de niebla y el disco rayado que aparecen en ella. Asimismo, reelabora la conversación de forma que se observe claramente el uso de otras técnicas asertivas como el compromiso viable, la aserción negativa, la autorrevelación y la libre información, explicando dichas técnicas.

TAREA 12

El señor Calleja ha sido seleccionado para llevar a cabo un importante proyecto para el Departamento de Ventas de su empresa. A su cargo tiene a un grupo de prometedores comerciales, a los que nunca se les ha encargado un proyecto de esta envergadura; sin embargo, el señor Calleja está convencido de que poseen las habilidades necesarias para realizarlo correctamente.

Al no tener experiencia, los problemas internos no tardarán en aparecer: los miembros del equipo no coinciden en horarios de trabajo ni comparten lugares comunes, ya que cada uno de ellos tiene obligaciones que cumplir adicionalmente. Además, no se logra que la comunicación sea fluida, por lo que comienzan a crearse subgrupos en función de las amistades, dificultando así la unidad del equipo.

Según esto, elabora un diálogo en el que se recojan distintas pautas verbales y no verbales de comportamiento asertivo. Uno de los personajes representará el rol de técnico de proyectos del Departamento de Ventas, quien tendrá a su cargo a un equipo de comerciales, roles que serán representados por otros personajes. Al no tener experiencia, los vendedores se verán envueltos en un clima de tensión, situación que deberá ser solventada en la medida de lo posible por el técnico de proyectos.

El objetivo es que durante la simulación de todo el proceso tanto el técnico como los vendedores expresen opiniones, sugerencias y expectativas sobre la situación descrita. Asimismo, todos los vendedores deberán solicitar información a otros personajes e instrucciones al responsable directo del proyecto, mostrando siempre un comportamiento asertivo.

- -

7. La atención telefónica

HILO CONDUCTOR

Después de los errores de los primeros días, Carmen parece haber comprendido cómo llevar a cabo sus funciones como profesional del servicio de atención al

Continúa en página siguiente >>

<< Viene de página anterior

cliente. Tanto es así que M.ª Luisa la ha felicitado por la gestión de una serie de llamadas hechas durante la jornada de hoy, en las cuales ha demostrado una gran soltura a la hora de aunar la comunicación verbal y no verbal entre los clientes y ella.

La atención telefónica puede definirse como un **proceso basado en la transmisión de un mensaje cuyo código está integrado por señales sonoras,** comunicación verbal y no verbal entre el cliente y el profesional de la atención, con el objetivo de lograr la satisfacción del cliente.

 **EJEMPLO**

En una conversación telefónica el lenguaje no verbal hace referencia a los silencios, suspiros, volumen de la voz, y otros aspectos del paralenguaje.

Actualmente, la atención telefónica es utilizada por tantas empresas que se ha convertido en **elemento clave de la atención, la venta, la búsqueda de la rentabilidad de la empresa y la satisfacción del cliente.** Por ello, es necesario analizarla desde múltiples puntos de vista para entenderla y tratar de aprovecharla en su totalidad.

La atención telefónica ha cobrado tal importancia que se ha convertido en un elemento básico para analizar la rentabilidad y eficacia de las empresas actuales.

7.1. El lenguaje y la actitud en la atención telefónica

Tanto el **trato que reciba el cliente** a través del teléfono como los **resultados que obtenga** del mismo van a condicionar la imagen que este tenga de la empresa. Así que para lograr la mayor calidad posible se proponen las siguientes acciones:

- ⮂ Adoptar una actitud positiva.
- ⮂ Favorecer la escucha activa.
- ⮂ Optimizar los recursos.

Lógicamente, **el lenguaje utilizado a través de este medio ha de ser muy cuidadoso,** ya que al no haber comunicación gestual se pierde parte de la efectividad, de ahí que haya que extremar la amabilidad, ser agradable, sonreír, personalizar la llamada, ser empático, usar un vocabulario comprensible, etc.

En lo referente a la actitud, la comunicación telefónica ha de prepararse tanto psicológica como físicamente.

> **Actitud física**
> - La actitud física ha de basarse en el hecho de que esta se oye al otro lado de la línea telefónica, por lo que la persona debe permanecer erguida en todo momento, pues la dejadez y la excesiva relajación en la postura también se denota en la escucha. Asimismo, hay que evitar los ruidos no identificables y las interferencias, ya que suponen una distracción grave de la comunicación, atendiendo permanentemente a las palabras tanto de uno mismo como del interlocutor.

> **Actitud psicológica**
> - La actitud psicológica se puede preparar a partir de una actitud positiva ante la comunicación, esto es, una actitud convencida y honesta de hacer una labor importante ante el cliente y la propia empresa, utilizando siempre que sea posible un lenguaje positivo sin tecnicismos.

 **RECUERDA**

La sonrisa telefónica se define como la convicción de que la simpatía que emite el personal de atención al cliente posee gran importancia en la comunicación telefónica, ya que se percibe a través del teléfono, creando una corriente positiva para el interlocutor del mensaje.

7.2. Recursos en la atención telefónica: voz, volumen, tiempo, pausas y silencios

Transmitir una idea de forma eficaz depende de la idea en sí misma, de la forma en que esta es transmitida y del contenido que se quiere expresar a través de ella. Así, **la voz es el elemento fundamental de la comunicación telefónica** y su calidad viene determinada por una serie de características básicas:

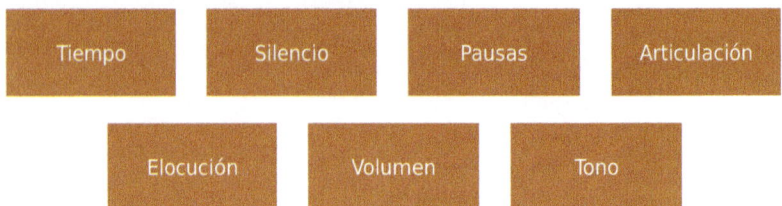

Tono

El tono se define como la **altura o elevación de la voz que resulta de la frecuencia de las vibraciones de las cuerdas vocales.** Además es la propiedad de la voz que permite clasificar el sonido en una escala de frecuencia tonal; de esta forma, para hablar con una tonalidad eficaz hay que tener en cuenta una serie de aspectos:

- ➲ Evitar la sensación de una voz monocorde.
- ➲ Poner el énfasis adecuado en las palabras más importantes.
- ➲ Adaptar el tono al mensaje expresado para que sea coherente.
- ➲ Resumir el mensaje de forma clarificadora.

Volumen

El volumen hace referencia a la potencia con la que el aire pasa por la laringe y hace vibrar las cuerdas vocales. Es decir, la **intensidad del sonido con la que se habla** y se debe ajustar al cliente para que resulte agradable a oído del mismo; de este modo, al comienzo de una conversación, hay que tener cuidado y empezar la elocución con un volumen adecuado, de introducción a la materia de la que se quiera hablar.

Durante el desarrollo de la conversación, sí se podrá elevar el volumen siempre de forma adecuada para reforzar la idea que se quiera expresar. Así, cuando se habla del precio, si se considera este aspecto como algo que va a convencer al cliente se podrá reforzar la idea hablando con un volumen un poco más elevado.

Sin embargo, a la hora de tratar el cierre de la compra, preguntar alguna duda o realizar una confidencia se deberá hacer con un volumen suave, ya que la última decisión es tan importante como las primeras aseveraciones de la entrevista. Por tanto, reforzar en exceso con un volumen alto puede dar la sensación de que lo que se dice posee una enorme importancia, lo cual puede provocar que el cliente se asuste.

Es preferible que sea el cliente quien vaya señalando el volumen que desea en cada momento.

Elocución

La elocución se refiere a la **expresión de los pensamientos mediante el uso de la palabra** y determina el estilo, entendido este como las características personales con las que son expresadas dichas ideas. Así, dentro de ellas hay que destacar la claridad, la propiedad, la naturalidad y la expresividad, entre otras.

Al igual que los demás recursos, también hay que analizar la expresión desde el punto de vista de la elocución, ya que hay que recordar que lo importante no es lo que se dice o se cree decir, sino cómo lo recibe el cliente. La expresividad, por ejemplo, es la capacidad de comunicar con viveza los sentimientos e ideas.

Articulación

La articulación es el proceso mediante el cual alguna parte del aparato fonatorio interpone un obstáculo para la circulación del flujo de aire, es decir, el **grado de vocalización con el que se expresan las palabras.**

Para conseguir los objetivos de comunicación se debe hablar con calma, de forma clara y precisa a cierta distancia del auricular, vocalizando correctamente y evitando comerse las palabras y sílabas finales. Además, el cliente espera ser tratado por alguien al que le guste su trabajo, por lo que debe comunicar sonriendo, de forma alegre y convincente.

Pausas

Hay que utilizar inteligentemente las pausas para respirar y permitir que el interlocutor lo haga; en especial, hacer uso de ellas para **señalar la importancia de alguno de los aspectos** que se estén expresando.

Silencio

En la atención telefónica, el **silencio viene a sustituir a las comas, puntos y demás signos de puntuación.** Además, refuerza las ideas más importantes que se desean recalcar. Se trata de uno de los recursos más complejos de la comunicación, ya que si se sabe utilizar se convierte en un potenciador de lo que previamente se ha comunicado.

Tiempo

El tiempo que invierte un cliente es un **bien que se debe aprovechar siempre** y, sobre todo, **respetar y agradecer.** Por ello, el profesional de la atención al cliente debe aprovechar el tiempo de la conversación, ya que si es buen trabajador sabrá manejarlo hacia la eficacia; es decir, aunque el cliente intente guiar la conversación hacia sus intereses, deberá saber cómo reconducir dicha comunicación hacia los intereses comunes.

ACTIVIDAD COMPLEMENTARIA

6. Reflexiona sobre cuáles de los recursos de la atención telefónica presentan por lo general mayores carencias por parte de los profesionales de los servicios de atención al cliente, identificándolos y analizando dichas carencias. ¿Qué acciones de mejora llevarías a cabo para subsanarlas?

----

8. Tratamiento de cada una de las situaciones de atención básica

HILO CONDUCTOR

Tras recibir una solicitud de información de precios a través del correo electrónico, Carmen ha consultado en el catálogo las tarifas de los productos que aparecen en el mensaje, con el fin de responder al cliente con el mayor rigor posible. Asimismo, ha procurado interpretar de manera eficaz la necesidad de información del mismo, elaborando para ello un borrador previo que le permita transmitir con claridad los precios que el cliente demanda.

En el desarrollo de la comunicación con los clientes resulta muy útil **analizar de manera pormenorizada los elementos más comunes que se pueden encontrar,** ya que así se estará preparado cuando se presenten las situaciones más habituales.

Entre este tipo de situaciones comunes se encuentran las siguientes:

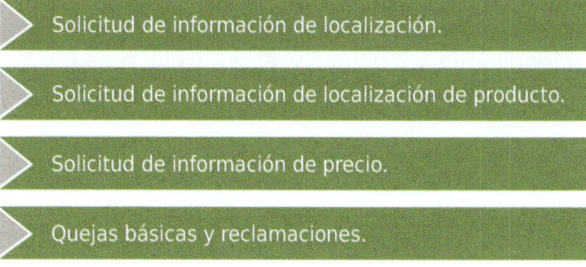

- Solicitud de información de localización.
- Solicitud de información de localización de producto.
- Solicitud de información de precio.
- Quejas básicas y reclamaciones.

De esta forma, en el tratamiento al cliente siempre hay que tener presente una premisa de carácter básico: la **proactividad.** Esta no significa solo tomar la iniciativa, sino **asumir la responsabilidad de hacer que las cosas sucedan.** Para explicar este concepto es necesario saber que las **personas proactivas** son aquellas que se adelantan a las cosas que les puede suceder, es decir, hacen que las cosas sucedan ya que **se adelantan a los acontecimientos.** Por tanto, en la atención al cliente resulta eficaz ser proactivo, puesto que si el vendedor es capaz de adelantarse a lo que vaya a ocurrir, estará preparado para saber cómo actuar ante los casos que vengan.

A continuación, se muestra la actuación propia de cada una de las situaciones de atención básica en el tratamiento al cliente.

8.1. Solicitud de información de localización

Ante cualquier solicitud del cliente es necesario estar preparado para responder de forma ágil y eficaz. Para ello, hay que **conocer la empresa a la perfección**, esto es, sus productos, personas que la integran, directivos, responsables y compañeros, así como sus diferentes localizaciones geográficas y la forma jurídica bajo la que está constituida.

👁 EJEMPLO

Los clientes pueden solicitar información acerca de la localización de la empresa o alguna zona dentro de la misma; sección de electrónica, panadería, etc., por lo que el personal debe conocer todos estos factores.

Sin embargo, lo más importante es saber guiar al cliente en sus deseos. Para ello, hay que perder el miedo a entrenar cómo contestar al cliente y ensayar delante de algún familiar, compañero o ante un espejo para intentar analizar las reacciones ante los demás y, sobre todo, ante los requerimientos que pueda hacer un cliente.

La entrega de pedidos supone la última cadena de la venta antes de que el producto llegue al consumidor final, por lo que en esta fase la atención al cliente también ha de hacerse con especial cuidado.

 **RECUERDA**

La preparación de los elementos que pueden aparecer en el trato con el cliente es la mejor forma de asegurarse el futuro. La diferencia entre los profesionales que se ocupan de su formación y los que no lo hacen determina incluso sus niveles de autoestima, ya que esta se basa en la confianza de la persona en creer que es capaz de responder ante las dificultades de su profesión.

8.2. Solicitud de información de localización de producto

Las solicitudes del cliente pueden ser múltiples, pero una de las más habituales se sitúa en relación al **conocimiento del producto,** por lo que hay que **conocer perfectamente tanto su colocación dentro de la tienda como en el conjunto del local** y en los correspondientes departamentos que existan en ella.

Otro aspecto a tener en cuenta es **saber si están o no en oferta,** lo cual determinará que se sitúen en lugares preferentes o en un lugar diferente al habitual, induciendo al cliente a la duda, ya que este está acostumbrado a un sitio determinado para cada producto. Además, dentro de cada departamento habrá que **observar la colocación en los lineales,** ya que esta tiende a cambiar con el tiempo, generando un factor de malestar en el cliente al no hallar fácilmente el producto que busca.

En todo caso, lo mejor es **acompañar siempre al cliente** hasta el lugar que solicite, ya que de lo contrario se dará una pésima imagen de dejadez y falta de profesionalidad. Por tanto, hay que acompañar al cliente hasta el lugar solicitado, indicarle la ubicación exacta del producto y, una vez localizado, ofrecérselo.

A continuación, se representa la **evolución que hay que seguir si se desea llegar a altos niveles profesionales,** atendiendo a factores personales, de actitud y de conocimiento.

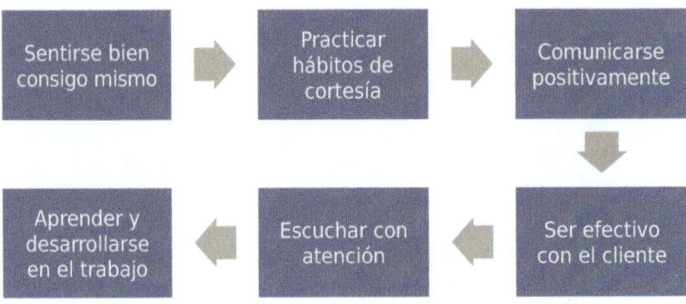

8.3. Solicitud de información de precio

El **elemento más complejo** para muchos profesionales de la atención al cliente es **comunicar el precio del producto o servicio que ofertan;** sin embargo, cuando un profesional está convencido de lo que ofrece, ese temor desaparece, sobre todo, si conoce de dónde parte el precio del producto y sabe por qué se produce.

A la hora de establecer el precio hay que tener en cuenta la importancia que le da el consumidor a esta variable en el proceso de decisión de compra.

Para el cliente, **el precio es el elemento más discriminatorio cuando no tiene otro al que acudir;** dicho de otra forma, cuando no es capaz de pagar más por un mismo producto es difícil justificarse ante los demás, pero cuando el precio es diferente siente mayor libertad para aludir a otros aspectos como el servicio, la calidad u otras preferencias.

 IMPORTANTE

Independientemente de la calidad ofertada, la calidad percibida por el cliente puede coincidir o no con la imagen y el nivel objetivo de la marca.

Además de comunicarle los precios que ha solicitado, la prestación del servicio al cliente debe caracterizarse por una conjunción de detalles, entre los que destacan los siguientes:

- Demostración permanente de voluntad de servir.
- Capacidad de escuchar activamente al cliente.
- Tratamiento personalizado en la prestación del servicio.
- Sorprender siempre al cliente con un valor añadido.
- Contar con capacidad de reserva para superar las expectativas.
- Verificar siempre el nivel de satisfacción del cliente con el servicio.

8.4. Quejas básicas y reclamaciones

Como has visto hasta ahora, la preparación en todas las facetas de la atención al cliente constituye un elemento básico para lograr un futuro de liderazgo en la empresa. En el caso de las reclamaciones, esta preparación es sencillamente necesaria, ya que la mayoría de las soluciones vienen dadas por la actitud que se tenga ante ellas.

Hay que partir del hecho de que **las quejas son positivas para la empresa** que las recibe, lo cual requiere que el profesional de la atención al cliente las reciba de buen agrado. Puede que esta afirmación resulte un tanto chocante, pero se comprenderá mejor a partir de la siguiente afirmación: **veinticinco de cada treinta clientes insatisfechos no se quejarán;** simplemente, no volverán a la empresa.

Esta afirmación lleva a pensar que la mayoría de las veces las empresas desconocen la razón por la que pierden a sus clientes. Por lo tanto, **hay que agradecer siempre al cliente que se queje,** ya que de lo contrario no se podrán subsanar los fallos y deficiencias que permitan mejorar.

Por último, hay que tener en cuenta que muchas de las quejas de los clientes se refieren al no cumplimiento de una promesa hecha por los empleados. Así, **la sensación de abandono percibida por el cliente genera mayor malestar** que entender el hecho de que algo pueda fallar.

Es necesario que las compañías comprendan que el modo en que canalizan las quejas de los clientes es tan importante como ofrecerles un buen servicio.

En este sentido, el tratamiento adecuado de las quejas que presentan los clientes requiere que el profesional del servicio de atención muestre en todo momento una **actitud asertiva,** con objeto de evitar cualquier posible confrontación. Para ello, todos los empleados de la organización deben compartir las mismas normas de calidad en relación al tratamiento de situaciones básicas de atención al cliente.

Una reclamación es una manifestación escrita de una queja, por medio de la cual un consumidor o usuario pone en conocimiento del comercio que le ha vendido el bien o prestado el servicio, un perjuicio causado por una mala práctica realizada por esta y por la que se pretende su reparación o resarcimiento del daño sufrido.

Como norma general, todas las empresas deben contestar por escrito, de forma razonada, a las quejas y reclamaciones de los consumidores y usuarios.

En caso de no llegar a buen término, se puede formular una **hoja de reclamación,** que está dirigida a los servicios de consumo de la localidad, quienes abrirán un expediente informativo al comercio, que podrá terminar (o no) en un expediente sancionador.

NOTA

La reclamación debe ser contestada por la empresa con un escrito razonado.

En definitiva las quejas y reclamaciones surgen por desviaciones entre lo que los clientes esperan recibir y lo que reciben. Pueden estar motivadas por diversas **causas,** las más comunes son las siguientes:

Para tratar las quejas y reclamaciones, es necesario que el personal de la empresa actúe de acuerdo a una serie de recomendaciones:

- ⮞ **Escuchar al cliente:** el cliente debe sentir que la empresa se preocupa por su problema.
- ⮞ **Agradecer la manifestación de la queja:** debemos tener en cuenta que a la empresa se le está ofreciendo la posibilidad de corregir los errores cometidos.
- ⮞ **Disculparse por el error:** independientemente de si la queja está o no justificada.
- ⮞ **Asegurar que se emprenderán acciones para subsanarlo:** la empresa debe asegurar al cliente que se emprenderán las acciones que sean necesarias para solucionar el problema, explicando qué se puede hacer para subsanar el problema.
- ⮞ **Conseguir información:** solicitar al cliente información relevante sobre la queja.
- ⮞ **Mantener informado al cliente:** el responsable que esté a cargo de la reclamación debe informar al cliente sobre la evolución de la resolución del problema.
- ⮞ **Corregir el error lo antes posible:** se deben aportar soluciones de forma inmediata.
- ⮞ **Averiguar el grado de satisfacción del cliente:** una vez solucionado el problema, es necesario conocer el grado de satisfacción del cliente.
- ⮞ **Prevenir errores futuros:** es necesario hacer un análisis sobre las quejas y reclamaciones a fin de que no vuelvan a producirse.

 TAREA 13

Lee detenidamente el contenido del siguiente *e-mail,* en el que un comerciante solicita información sobre una serie de condiciones comerciales para ampliar la línea de productos que ofrece actualmente en su negocio.

Asunto: Solicitud de información de condiciones comerciales

N/Ref: 1324

Estimados señores:

Desde hace cuatro años regento un establecimiento dedicado a la venta de calzado al por menor. Durante esta temporada tenemos la intención de ampliar la

Continúa en página siguiente >>

<< Viene de página anterior

línea de productos que ofrecemos actualmente a nuestros clientes; en concreto, pretendemos expandir la línea de zapatos de alta calidad, por lo que en el análisis que hagamos de los productos primará la calidad sobre el precio. Se valorará, entre otros aspectos, el curtido de las pieles utilizadas, el acabado y el diseño del calzado. Asimismo, les agradeceríamos que nos informasen de las siguientes condiciones comerciales:

- Precios unitarios.
- Forma de pago.
- Gastos (porte, seguros, embalajes).
- Plazo de pago.
- Descuento comercial.
- Rappels.
- Plazo de entrega.
- Devolución de excedentes.

Rogamos tengan la amabilidad de remitirnos un catálogo debidamente detallado de sus productos. Asimismo, si fuera posible, les agradeceríamos que enviaran a uno de sus comerciales para que nos detalle tanto las características de sus productos como las condiciones comerciales demandadas.

Reciban un cordial saludo.

Atentamente,

Juan José López Rodríguez

A partir del mismo, interpreta eficazmente la petición del comerciante y elabora un mensaje de respuesta en el que se transmitan con claridad las características y precios demandados por este, describiendo la importancia de ofrecer una atención básica al cliente en las solicitudes de información.

9. El proceso de atención de las reclamaciones en el establecimiento comercial o en el reparto domiciliario

☞ **HILO CONDUCTOR**

Han tenido que pasar más de ocho meses desde que se incorporara a la empresa para que a Carmen le hayan puesto una reclamación, injusta a ojos de cualquiera, pero reclamación al fin y al cabo. Pese a ello, Carmen ha demostrado estar a la altura de las circunstancias. Así, tras pedir disculpas al cliente en cuestión, la empresa le ha ofrecido un buen servicio al interesado para tratar de resolverla de la mejor manera posible.

No hay que olvidar que **el proceso de atención de las reclamaciones ha de partir siempre de unas actitudes positivas** del personal de la empresa para lograr subsanar las mismas y mejorar así los procesos de venta o distribución que provocaron esa insatisfacción.

A continuación, se detalla cada una de las **fases de las que se compone el proceso de resolución de una reclamación,** esto es, desde que se activa hasta que se aplican las mejoras correspondientes a la misma:

1. **Activación del proceso:** el proceso de atención de las reclamaciones se activa cuando un cliente presenta una sugerencia, una queja o una reclamación a través de cualquier medio.
2. **Identificación, codificación y registro:** se abrirá un expediente en el que se recoja tanto la opinión del cliente, redactada con la mayor fidelidad posible, como la opinión del personal acerca de lo ocurrido.
3. **Envío de acuse de recibo de la reclamación:** el cliente ha de saber que su queja ha sido recibida y que, por lo tanto, se ha iniciado un proceso para dar solución al caso.
4. **Resolución:** la empresa deberá dar solución al problema planteado de la mejor forma posible.
5. **Evaluación y mejora:** por último, la empresa comunicará al cliente la solución adoptada y pasará de inmediato a la evaluación de todo lo ocurrido con el fin de subsanar los fallos que se han producido.

Para mantener elevados índices de servicio y demostrar lo que la empresa está dispuesta a hacer por el cliente, hay que gestionar las quejas de una manera efectiva y práctica, además de **ofrecer a los clientes afectados** un buen servicio para solucionarlas tanto en el propio establecimiento como en el reparto a domicilio.

ACTIVIDAD COMPLEMENTARIA

7. Reflexiona sobre las diferencias que existen entre las reclamaciones en el establecimiento comercial y las reclamaciones a domicilio.

TAREA 14

Uno de los operarios encargados de entregar a domicilio un electrodoméstico no ha realizado la instalación y puesta en marcha del aparato, negándose además a retirar el electrodoméstico antiguo, ya que dicha tarea no aparece recogida en su orden de trabajo.

En base a esto, describe el proceso que debe seguir la reclamación presentada por el cliente afectado en dicho reparto domiciliario y qué otras situaciones pueden motivar quejas en los clientes.

10. Pautas de comportamiento en el proceso de atención a las reclamaciones

HILO CONDUCTOR

Ante el servicio ofrecido por la empresa, el cliente que le ha interpuesto la reclamación a Carmen ha decidido cancelar el proceso, ya que el nivel de satisfacción obtenido durante el mismo y los años de relación con la entidad han pesado más que el motivo de la reclamación en sí; de esta forma, la directiva del grupo ha comprobado que no debe ignorar nunca una reclamación, por muy en desacuerdo que se esté con el reclamante, ya que en caso de hacerlo es probable que este acabe desapareciendo de su cartera.

Para tratar las quejas y reclamaciones es necesario que el personal de la empresa actúe de acuerdo a una serie de recomendaciones:

- ⮞ **Escuchar al cliente:** el cliente debe sentir que la empresa se preocupa por su problema.
- ⮞ **Agradecer la manifestación de la queja:** debemos tener en cuenta que a la empresa se le está ofreciendo la posibilidad de corregir los errores cometidos.
- ⮞ **Disculparse por el error:** independientemente de si la queja está o no justificada.
- ⮞ **Asegurar que se emprenderán acciones para subsanarlo:** la empresa debe asegurar al cliente que se emprenderán las acciones que sean necesarias para solucionar el problema, explicando qué se puede hacer para subsanarlo.
- ⮞ **Conseguir información:** solicitar al cliente información relevante sobre la queja.
- ⮞ **Mantener informado al cliente:** el responsable que esté a cargo de la reclamación debe informar al cliente sobre la evolución de la resolución del problema.
- ⮞ **Corregir el error lo antes posible:** se deben aportar soluciones de forma inmediata.
- ⮞ **Averiguar el grado de satisfacción del cliente:** una vez solucionado el problema, es necesario conocer el grado de satisfacción del cliente.
- ⮞ **Prevenir errores futuros:** es necesario hacer un análisis sobre las quejas y reclamaciones a fin de que no vuelvan a producirse.

Así, las pautas que hay que seguir en el proceso de atención, son las siguientes:

1. No ignorar ninguna reclamación.
2. Mantener la calma y practicar la escucha activa.
3. Transmitir respeto y amabilidad.
4. Pedir disculpas.
5. Ofrecer una solución o tramitarla lo más rápido posible.
6. Despedida y agradecimiento.

Se debe dar un tono cordial a la llamada mediante el uso de la sonrisa telefónica.

IMPORTANTE

Ese comportamiento también debe transmitirse si la queja se realiza de manera telefónica. Para ello, hay que dar un tono cordial a la llamada mediante el uso de la sonrisa telefónica.

A continuación se muestra la forma de llevar a cabo y poner en práctica cada una de estas pautas.

10.1. No ignorar ninguna reclamación

Por absurda que pueda parecer alguna, todas las quejas parten de una situación en la que el cliente cree tener razón. Es por ello que **todas las quejas están justificadas, al menos para el cliente.** Además, todas pueden enseñar tanto al trabajador como a la empresa una nueva forma de ver la realidad.

Por lo tanto, hay que partir de esa idea y prestar atención a todas las quejas y reclamaciones que se produzcan.

 **RECUERDA**

La actitud positiva ante las quejas de los clientes es básica para lograr que estas se conviertan en un sistema de mejora permanente, ya que sirven para averiguar cuáles son los elementos de la empresa que provocan insatisfacción en el cliente.

10.2. Mantener la calma y practicar la escucha activa

Al igual que controlar las emociones es fundamental para recibir quejas y reclamaciones, escuchar de forma activa es la mejor forma de que el cliente comprenda que el objetivo no es otro que su satisfacción. Por tanto, la preparación mental y psicológica ante situaciones de crisis es determinante como factor de protección para minimizar las consecuencias y efectos de aquellos elementos que a priori parecen difíciles de controlar.

Para ello, es recomendable establecer un entrenamiento psicológico donde el profesional de atención a las reclamaciones ponga en práctica técnicas de relajación y respiración, y de visualización de diversas situaciones.

Escuchar activamente y comprender la razón de su disgusto, sin perder la calma, son dos de las claves para dar un buen servicio ante una posible queja o reclamación.

 **PARA SABER MÁS**

Accede al siguiente enlace para ver un vídeo en el que se explica cómo crear un clima de confianza para la comunicación a través de la escucha activa:

https://redirectoronline.com/mf13290203

10.3. Transmitir respeto y amabilidad. Pedir disculpas

La amabilidad mostrada hacia el cliente es la primera relación para atraerlo hacia la empresa o negocio, ya que un cliente satisfecho, atendido con cortesía y un trato amable constituye la mejor forma de ganar otros muchos clientes.

Por otra parte, hay que recordar que **el mayor signo de respeto que se puede demostrar al cliente es escucharle,** razón por la cual es necesario controlar la escucha mediante el control de los pensamientos negativos y los prejuicios mientras el cliente está hablando.

 IMPORTANTE

Es básico recibir las quejas con respeto y amabilidad tanto hacia ellas como hacia los clientes que las presentan.

Cuando un profesional se equivoca, debe pedir disculpas rápidamente. **El cliente se suele conformar con el reconocimiento del error,** por lo que siempre hay que hacerlo de forma sincera y honesta; de esta forma, el cliente se sentirá escuchado, pensando además que se encuentra ante un verdadero experto en la atención.

El problema se plantea cuando los profesionales de la atención al cliente no piensan que deban pedir disculpas por lo ocurrido, simplemente porque no consideran que haya sido un error cometido por ellos. En estos casos, el profesional ha de llevar a cabo un esfuerzo de **tolerancia y empatía para ponerse en el lugar del cliente,** con el fin de ver con los ojos del cliente e intentar sentir lo mismo que está reclamando.

Según varios estudios, resulta hasta dos veces más rentable pedir perdón que callar o que compensar económicamente sin una disculpa.

10.4. Ofrecer una solución o tramitarla lo más rápido posible

En caso de que se le pueda ofrecer al cliente una solución, hay que **tomar la decisión lo más rápidamente posible.** Si en ella tienen que participar otras áreas o departamentos de la empresa, habrá que **interesarse y comprometerse con el cliente a realizar las gestiones correspondientes** para la adopción de una medida correctora.

En este sentido, **la mayoría de las quejas y reclamaciones interpuestas por los clientes no tienen en cuenta las expectativas de los mismos;** es decir, se toman bajo la exclusiva visión de que los clientes siempre van a exigir rebajas en el precio, cambios en los productos y soluciones que girarán casi siempre en torno a cuestiones económicas, cuando la realidad dice que los clientes van mucho más allá de esos aspectos; de hecho, un gran número de quejas se basan en el hecho de que los clientes no se sienten escuchados ni valorados por las empresas cuando en ocasiones es lo único que están reclamando.

NOTA

Si el cliente se ha sentido debidamente atendido por la empresa durante el proceso de reclamación, la valoración que haga del servicio será más que notable.

10.5. Despedida y agradecimiento

Los profesionales de la atención al cliente no deben olvidar nunca **despedirse del cliente y agradecerle la queja transmitida,** ya que es la mejor forma de demostrar que gracias a ella el servicio ofrecido puede mejorar, evitando que el error se vuelva a producir.

A continuación, se muestra la tabla del balance del año 2023 realizado por FACUA sobre las **consultas y reclamaciones de los consumidores por sectores.**

CONSULTAS Y RECLAMACIONES FACUA 2023		
Sector	**Consultas**	**Reclamaciones**
Servicios bancarios	14,5 %	20,8 %
Suministros	16,1 %	15,3 %
Telecomunicaciones	8,3 %	9,1 %

Continúa en página siguiente >>

<< Viene de página anterior

CONSULTAS Y RECLAMACIONES FACUA 2023

Sector	Consultas	Reclamaciones
Seguros	8,4 %	9 %
Transporte	6,2 %	9 %
Electrodomésticos y aparatos electrónicos	4,3 %	4,2 %
Compra y reparación de vehículos	6,7 %	4 %
Salud	3,6 %	3,3 %
Alquiler de vivienda	3,5 %	2,7 %
Otros	28,3 %	22,7 %
Totales	**34.858**	**8.029**

 TAREA 15

Redacta un diálogo en el que un cliente transmite una queja ante la falta de abastecimiento de productos en un lineal de alimentación.

Uno de los personajes representará el rol del cliente, otro el de reponedor del establecimiento comercial.

Tras comprobar que el establecimiento presenta un claro desabastecimiento en uno de los lineales del sector de alimentación, el cliente decide localizar a uno de los reponedores para transmitirle su queja. Ante esto, el reponedor deberá aplicar en todo momento las técnicas de escucha activa, informándole sobre los pasos a seguir para la formulación de la queja, identificando la naturaleza de la atención requerida e implicándose en la resolución de la misma.

11. Documentación de las reclamaciones e información que deben contener

HILO CONDUCTOR

Todos los empleados del servicio de atención al cliente del grupo GLM están al tanto de los datos que deben contener las reclamaciones presentadas por sus clientes; de hecho, hasta la fecha han sido varias las ocasiones en las que han tenido que rechazar una reclamación por no recoger explícitamente los hechos ocurridos ni la situación a resolver en relación a los mismos. Tal es el caso del cliente Ángel Escalona, quien hace aproximadamente un mes presentó una reclamación sin reflejar en ella los motivos que le llevaban a tramitarla.

Toda queja debe quedar **registrada para su posterior análisis y evaluación de los procesos de venta y atención al cliente** respecto a los niveles de satisfacción que genera la actividad de una empresa. Para ello es necesario codificar una serie de **parámetros:**

- La fecha en la que se produce la queja.
- El departamento donde se haya producido.
- El nombre del cliente que la expone.
- Los hechos ocurridos y la situación a resolver.
- La petición de la solicitud del cliente.
- El nombre del empleado que recopiló los hechos.
- Las decisiones o soluciones adoptadas y sus derivaciones.

Los diferentes establecimientos y entidades están obligados a tener a disposición de todos los clientes y usuarios **hojas oficiales de reclamación.** En caso de que no disponer de ellas, siempre se podrá solicitar la presencia de la policía local para que levante acta de dicha infracción.

👁 EJEMPLO

A continuación, se muestra el modelo oficial de reclamación de la Dirección General de Consumo, de la Consejería de Salud y Consumo, de la Junta de Andalucía. Este

Continúa en página siguiente >>

<< Viene de página anterior

modelo es solo una muestra de la variedad de formularios con los que trabajan los organismos competentes en materia de resolución de reclamaciones.

https://redirectoronline.com/mf13290204

Por otra parte, **la interposición de una reclamación se hará siempre por triplicado,** ya que la hoja de reclamación se compone de tres copias de diferentes colores:

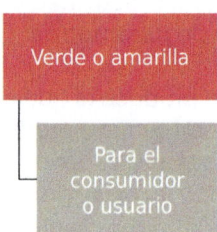

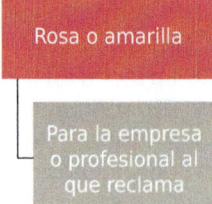

 PARA SABER MÁS

Las competencias en la regulación de las hojas de reclamaciones recaen sobre las comunidades autónomas, a continuación se muestra un enlace en el que podrás observar la normativa específica de cada comunidad.

Continúa en página siguiente >>

<< Viene de página anterior

https://redirectoronline.com/mf13290205

Lo ideal es que el consumidor o usuario presente la hoja en persona, ya que de este modo podrán sellarle su copia, quedando constancia de que la ha presentado. Si al consumidor no le es posible presentarla en persona, **puede enviarla por correo certificado,** solicitando que su copia sea sellada en Correos por dirigirse a la Administración o a través de los formularios *online* habilitados por los organismos de consumo de las distintas comunidades autónomas. Una vez llegados a este punto, la empresa reclamada deberá dar los siguientes pasos:

- Debe remitir una de las copias a la autoridad competente.

- La empresa deberá dar una respuesta al cliente en un plazo de diez días.

- En caso de que el cliente no reciba respuesta alguna en ese plazo, podrá enviar copia de su documento al ente autonómico responsable (OMIC).

- Si el cliente no está conforme con la solución adoptada, podrá escribir a dicha entidad pública, la cual deberá responderle antes de diez días.

Al formular la reclamación a la Administración, deben **adjuntarse fotocopias de las pruebas o documentos que se consideren oportunos para valorar los hechos** (factura, *ticket,* contrato, presupuesto, garantía, publicidad, etc.).

✎ ACTIVIDAD 3

Hace aproximadamente un mes Ángela llevó a reparar su reproductor de DVD a una tienda cercana, donde le aseguraron que se lo tendrían arreglado en un plazo de diez días; sin embargo, ya han pasado más de dos meses y el aparato está todavía en la tienda sin reparar. Ante esta situación, Ángela ha llamado en varias ocasiones para reclamar, pero no le cogen el teléfono, por lo que finalmente ha decidido acercarse para recogerlo en persona. El problema es que el encargado del taller le comenta que debe pagar un importe de seis euros por llevárselo.

Ante esta situación, Ángela ha decidido presentar una hoja de reclamación en la Oficina de Defensa del Consumidor, explicando los hechos y presentando una denuncia contra la tienda en cuestión.

Sabiendo esto, identifica los documentos que debe presentar Ángela en este caso, así como la información que debe contener la hoja de reclamación.

a. Fecha de la reclamación.
b. Motivo de la reclamación.
c. Petición/solicitud.
d. Razón social.
e. Número de autorización.

12. Resumen

Hoy en día, en el seno de cualquier empresa, y muy especialmente en aquellas cuyo objeto de actividad es la venta de productos y servicios, **la productividad se mide en términos de satisfacción del cliente** y el grado de esta satisfacción va más allá de la calidad del servicio, pues en su valoración entra en juego un factor dominante: la **atención al cliente.**

En este sentido, la mayoría de los productos y servicios existentes en el mercado poseen características muy similares, lo cual dificulta enormemente los esfuerzos de las empresas por diferenciar sus productos o servicios respecto a los competidores. Por tanto, el mejor camino para obtener la confianza del consumidor y lograr el éxito deseado es ofrecer un servicio de atención al cliente; de esta forma, la atención al cliente es el nexo de unión de tres conceptos: servicio al cliente, satisfacción del cliente y calidad en el servicio.

Mediante aspectos como el esmerado **trato en la prestación del servicio, el cuidado de los detalles o la disposición de servicio manifestada por los empleados,** se logra complacer y fidelizar al cliente. Por lo tanto, esta atención no se limita a aspectos físicos del entorno, sino que se adentra en el mundo de las nuevas tecnologías y los medios audiovisuales, así como en el trato cordial que deben recibir los clientes tanto en la atención básica como en el proceso de **atención a las reclamaciones.**

En este sentido, hay que prestar especial atención a la **comunicación, tanto verbal como no verbal.** La adopción de una técnica asertiva puede servir de ayuda no solo en las situaciones básicas de atención al cliente, sino también la resolución de las reclamaciones que este puede presentar, ya que gracias a ellas el profesional logrará, en la mayoría de los casos, una actitud favorable del cliente hacia la gestión del proceso tanto en el cara a cara como durante una llamada telefónica.

De esta forma, resulta importante seguir, tanto de forma general como en la atención a las reclamaciones, una serie de **pautas de comportamiento:**

Atención básica	Reclamaciones
- Disposición previa - Respeto y amabilidad - Implicación en la respuesta - Servicio al cliente - Vocabulario adecuado	- No ignorar ninguna reclamación - Calma y escucha activa - Respeto y amabilidad - Pedir disculpas - Ofrecer una solución - Despedida y agradecimiento

Asimismo, la admisión a trámite de una reclamación requiere la aportación de una serie de documentos necesarios para la gestión de la misma (contratos, cláusulas, facturas, garantías, etc.) y de aquellos datos que tengan que ver con el reclamante, el reclamado y los hechos que han dado lugar a la interposición de la misma.

Ejercicios de autoevaluación
Unidad de Aprendizaje 2

1. **¿Cómo se denomina al cliente que se caracteriza por estar siempre descontento, entrar en discusiones y exigir razones de por qué se hacen las cosas?**

   a. Cliente locuaz.
   b. Cliente hablador.
   c. Cliente polémico.
   d. Cliente molesto.

2. **Indica si las siguientes afirmaciones son verdaderas o falsas.**

   a. Las personas imitan las actitudes corporales de los demás, ya que dos personas que comparten un mismo punto de vista suelen compartir también una misma postura.

      - Verdadero
      - Falso

   b. La postura no es solamente una clave acerca del carácter, es también una expresión de la actitud.

      - Verdadero
      - Falso

3. **El tacto, el gusto y el olfato son sentidos de...**

   a. ... proximidad.
   b. ... intensidad.
   c. ... lejanía.
   d. ... cortesía.

4. **Las percepciones de los clientes son las que deciden en último caso los niveles de...**

   a. ... compra.
   b. ... gasto.

    c. ... satisfacción.

    d. ... emoción.

5. ¿Qué estilo de comunicación rechaza por lo general las ideas ajenas?

    a. Estilo activo.

    b. Estilo negativo.

    c. Estilo agresivo.

    d. Estilo hiperactivo.

6. ¿Cómo se denomina la técnica de asertividad que se basa en la repetición de una frase que exprese claramente lo que se desea de la otra persona?

_____

_____

7. Indica si las siguientes afirmaciones son verdaderas o falsas.

    a. Las personas proactivas son aquellas que se adelantan a las cosas que les pueden suceder.

        ■ Verdadero

        ■ Falso

    b. La técnica del banco de niebla consiste en reconocer el error sin disculparse por él.

        ■ Verdadero

        ■ Falso

8. Explica brevemente en qué consiste la técnica del banco de niebla.

_____

_____

_____

_____

9. En una conversación telefónica, cuando se habla de evitar la sensación de una voz monocorde, se hace referencia...

    a. ... al tono.
    b. ... a la elocución.
    c. ... al volumen.
    d. ... al tiempo.

10. Se debe agradecer al cliente que se queja, porque de lo contrario no se sabría dónde está el fallo, por lo que no se podría...

    a. ... mejorar.
    b. ... invertir.
    c. ... quejar.
    d. ... evadir.

La calidad del servicio de atención al cliente

Contenido

Objetivos

Los objetivos específicos de esta Unidad de Aprendizaje son:

→ Adoptar actitudes y comportamientos que proporcionen una atención efectiva y de calidad de servicio al cliente en situaciones sencillas de atención básica en el punto de venta.

→ Aplicar técnicas de atención básica en distintas situaciones de demanda de información y solicitud de clientes.

1. Introducción

La empresa actual se encuentra inmersa en un proceso permanente caracterizado por el progresivo aumento de la competencia, la inmersión en un mundo de nuevas tecnologías aplicadas a la venta, venta electrónica, envíos a domicilio, transferencias, redes sociales, etc., que ha generado un nuevo sistema de relaciones con los consumidores, los cuales en ocasiones conocen las características de los productos y servicios mejor que los propios trabajadores de la empresa.

Todo ello produce que la competencia haya aumentado de forma global en todo el mundo y para todos los sectores, lo cual genera una disminución casi automática de los márgenes de beneficio y una mayor actividad por conseguir nuevos clientes y mantener los que ya se tienen.

De esta forma, las empresas que miran hacia el futuro con ánimo de cambio, dinamismo y aceptando que deben adaptarse al mercado actual se esfuerzan en aumentar la calidad desde todos los puntos de vista: nuevos productos adecuados a las nuevas exigencias del cliente, nuevos servicios, nuevas formas de distribución y comercialización, etc., todo un mundo que persigue la máxima eficacia y rentabilidad en el seno de las empresas.

Un ejemplo de esta tendencia es el grupo empresarial GLM, quien debido a las exigencias del mercado y a la elevada demanda de productos químicos en el norte del país ha optado por abrir un nuevo centro de almacenaje, distribución y transporte de estos productos en la provincia de León, incrementando los parámetros de calidad establecidos hasta ahora en su política comercial. Nos basaremos en su caso para el desarrollo del contenido.

2. Concepto y origen de la calidad

 **HILO CONDUCTOR**

Tras los últimos cambios realizados en la política de calidad de la empresa, la directiva de GLM ha mantenido una reunión con los gerentes del grupo. En dicha reunión se ha argumentado que la calidad del servicio se ha convertido en un factor fundamental en la decisión de compra y que de aquí en adelante todos los esfuerzos de la empresa irán destinados a garantizar la consecución de los nuevos parámetros establecidos.

En palabras de Mariana Pizzo, asesora en **sistemas de gestión de calidad,** "la calidad en el servicio es el hábito desarrollado y practicado por una organización para interpretar las necesidades y expectativas de sus clientes y ofrecerles, en consecuencia, un servicio ágil, adecuado, oportuno, seguro y confiable, aún bajo situaciones imprevistas o ante errores, de tal manera que el cliente se sienta comprendido, atendido y servido personalmente, y sorprendido con mayor valor al esperado, proporcionando mayores ingresos y menores costos para la organización".

Sin embargo, la calidad no siempre se ha entendido así, ya que desde su significado inicial como atributo del producto hasta el actual, **aplicado a todas las actividades de la empresa** y, por tanto, a su gestión se ha recorrido un largo camino. El caso es que en la actualidad los sistemas de calidad se basan en establecer el propósito de mejorar constantemente el producto y el servicio, con el fin de ser más competitivos y continuar en el mercado.

En este sentido, un requisito indispensable para lograr dichos objetivos es que todos los niveles y funciones de la empresa se involucren en **programas de aprendizaje para alcanzar la meta de la excelencia y la plena calidad.** Sin esta visión y concepto nada de lo expresado sobre la calidad tendría sentido.

Evolución histórica del concepto de calidad

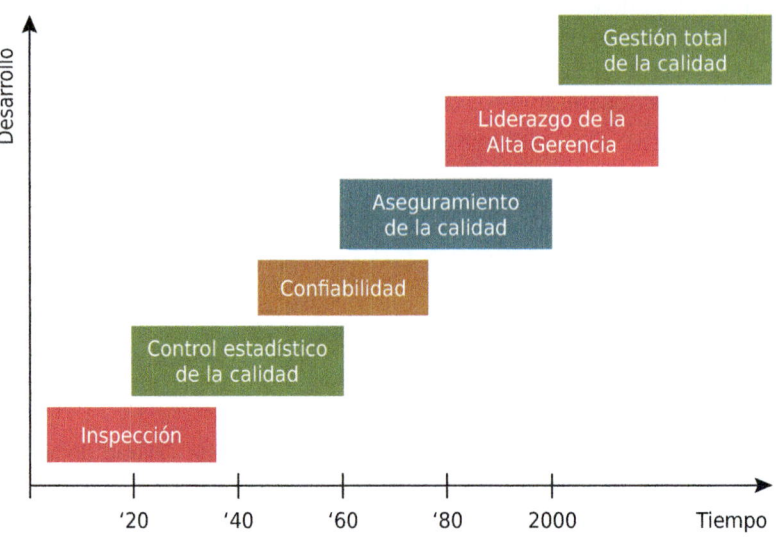

ACTIVIDAD COMPLEMENTARIA

8. Lee detenidamente el artículo contenido en el siguiente enlace sobre la calidad y su evolución a lo largo de la historia:

https://redirectoronline.com/mf13290301

En base a la lectura realizada, argumenta la siguiente afirmación sobre la mejora continua y aporta, al menos, tres ejemplos que la justifiquen: "Si queremos ser competitivos en el mercado actual, tenemos que enfocarnos hacia la excelencia y eso solo se consigue a través de la mejora continua de nuestros productos y/o servicios".

- -

3. La gestión de la calidad en las empresas comerciales

👉 **HILO CONDUCTOR**

A la luz de los cambios propuestos por la directiva, uno de los principales objetivos de GLM es el conocimiento absoluto de las necesidades y expectativas de sus clientes; sin embargo, no todos los trabajadores del Departamento de Atención al Cliente entienden el concepto de calidad. Este es el caso, por ejemplo, de Aurora, quien después de tres años continúa siendo incapaz de ofrecer, en ocasiones, una respuesta eficaz y eficiente a los clientes.

- -

Desde un punto de vista genérico, la **implantación de un modelo de calidad total** en las empresas exige que los productos o servicios no se conciban sobre la base de las funciones tradicionales y habituales, sino a través de una red de procesos que se desarrollan en la misma y se adaptan a las nuevas formas de producción y comunicación empresarial. Para ello, la **mentalidad de cambio** es la que debe prevalecer sobre las demás.

Esa mentalidad de cambio es la que ha hecho que en los últimos años se haya pasado de mercados restringidos, locales y de alta demanda y consumo a **mercados internacionales y de oferta,** debido principalmente a los siguientes factores:

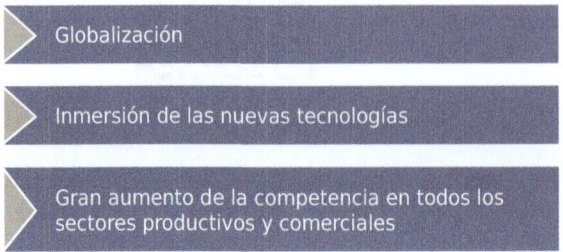

Globalización

Inmersión de las nuevas tecnologías

Gran aumento de la competencia en todos los sectores productivos y comerciales

IMPORTANTE

Las empresas actuales han aceptado el comercio electrónico como un elemento de desarrollo rentable que transforma los límites tradicionales de la relación con el cliente.

No debes olvidar que el objetivo de todo proceso de calidad es la **adaptación de la realidad de la empresa a los nuevos mercados, productos y servicios que el mercado demanda,** lo cual se traduce en una toma de decisiones que afectan a diversos aspectos de la misma:

- ⮰ Posibilidad de acortar los tiempos de creación y producción de los elementos y a costes bajos.
- ⮰ Presentación de productos más competitivos, adaptados a las nuevas exigencias del mercado.
- ⮰ Transformación de los sistemas de trabajo en lo referente a medios de producción, formas más rigurosas de control de resultados, etc.
- ⮰ Desarrollo de una nueva cultura empresarial, debido al auge obligado del trabajo en equipo.

NOTA

Más que un sistema, el proceso de calidad es la aceptación de un estilo de responsabilidad de todo el personal, una forma de analizar y actuar permanente y continua.

◁◎▷ EJEMPLO

Existen modelos de gestión de la calidad en los que se elimina el Departamento de Control de calidad para ahorrar costes, encargándose los propios trabajadores de realizar este control. Este sistema de calidad desarrolla una nueva cultura empresarial, transforma los sistemas de trabajo y disminuye los costes.

Hoy en día, la **gestión de la calidad se ha convertido en una alternativa para la empresa,** indispensable para el crecimiento y la supervivencia de la misma en cualquiera de los entornos en los que actúe. A través de ella, se busca:

> La mejora de los recursos disponibles.

> La reducción de errores y los costes que estos conllevan.

> La satisfacción de la empresa y sus trabajadores por el trabajo bien ejecutado.

> La satisfacción obtenida por el cliente.

De esta forma, **la gestión de la calidad se mide en base a una serie de normas homogéneas a aplicar de forma general** a todas las organizaciones que deseen obtenerla, sin importar su tipo, tamaño o su dedicación concreta.

NOTA

Si bien el concepto de sistema de gestión de la calidad nace de la industria manufacturera, este puede ser aplicado a cualquier sector.

El objetivo es que la gestión de la calidad se convierta en un **proceso de mejora constante, que además sea compatible con los demás sistemas de control y mejora de la empresa,** como el de control de la producción, el de política medioambiental, el de prevención de riesgos laborales u otros sistemas que busquen la mejora de los productos y servicios de una empresa.

La empresa actual sabe que **la implantación de un sistema de gestión de calidad se debe hacer a través de la normalización, certificación y acreditación** de la misma, procesos que normalmente están guiados y supervisados por una entidad independiente que controla que dicho proceso se desarrolle siguiendo unos parámetros y sistemas determinados, y se adecúen todos los pasos a unas normas establecidas a nivel internacional.

De esta forma, toda empresa que quiera demostrarle a sus clientes que se preocupa por la calidad de sus productos puede comenzar a desarrollarlas, al igual que **es importante que sus trabajadores conozcan el desarrollo de estos sistemas,** ya que sin el convencimiento de que estos procesos mejoran sus condiciones de trabajo nada de esto tendría sentido.

Las definiciones expuestas a continuación para cada una de las fases vienen dadas por la **Organización Internacional de Estandarización (ISO),** organismo internacional que controla la calidad a nivel internacional y es responsable de otorgar dichos certificados.

SABÍAS QUE...

La norma ISO 9001 Sistemas de gestión de la calidad, está enfocada a empresas que necesitan mejorar la calidad en sus procesos, otorgándole así una ventaja competitiva frente a sus competidores.

Según la Organización Internacional de Estandarización, la primera fase que una empresa debe cumplir es la **normalización.**

DEFINICIÓN

Normalización

Es una actividad colectiva encaminada a establecer soluciones a situaciones repetitivas. En particular, esta actividad consiste en la elaboración, difusión y aplicación de determinadas normas.

La normalización **proporciona notables ventajas a las organizaciones** tanto en lo referente a la actividad profesional como al propio bienestar y seguridad de los trabajadores, estas son:

- ⮕ Se guarda y mantiene el conocimiento aprendido.
- ⮕ Se mejora el bienestar del personal.
- ⮕ Se aprende más sobre la ejecución del trabajo.
- ⮕ Se evita la ocurrencia de accidentes.

La segunda fase del proceso de calidad es la **certificación,** que se define como la acción llevada a cabo por una entidad reconocida como independiente de las partes interesadas, mediante la cual se dispone que los **productos y servicios de una empresa tengan la confianza adecuada conforme a una norma** o documento normativo.

En esta fase, la entidad certificadora responsable **verifica los procesos que desarrolla la empresa** tal y como se expresó durante la fase anterior de normalización y cumple dichas normas de forma rigurosa y exhaustiva respecto a lo citado, por todo lo cual **certifica que dicha empresa está cumpliendo con su compromiso de forma veraz.**

Al igual que en la fase anterior, la certificación permite obtener a las empresas cuantiosas **ventajas** en relación a los porcentajes que resultan de los parámetros de calidad y número de clientes, entre otros:

- ⮀ Aumento de calidad de los productos
- ⮀ Reducción de los costes de la calidad
- ⮀ Mejora del *marketing*
- ⮀ Incremento de los beneficios
- ⮀ Aumento de la fidelidad de los clientes
- ⮀ Aumento del número de clientes
- ⮀ Disminución del número de proveedores
- ⮀ Mayor motivación
- ⮀ Disminución del número de quejas

La tercera y última fase a la que se acudiría es la de **acreditación.** En esta, la organización independiente de calidad emite una **acreditación internacional haciendo pública que dicha empresa reúne todos los requisitos para ser tenida en cuenta como una organización de calidad** establecida y reconocida.

DEFINICIÓN

Acreditación

Es el procedimiento mediante el cual un organismo de acreditación autorizado reconoce formalmente que una organización es competente para realizar una determinada actividad de evaluación de la conformidad.

Dicho de otra forma, la entidad entregará a la empresa un certificado de reconocimiento internacional, permitiéndole usar un **sello distintivo de la calidad normalizada, certificada y acreditada** de forma legal.

El proceso de acreditación implica la autoevaluación de todas las áreas o servicios de la organización, así como una evaluación en detalle por un equipo de expertos externos. Por lo tanto, las **fases a seguir para la implantación de un modelo de acreditación** son las que se exponen a continuación:

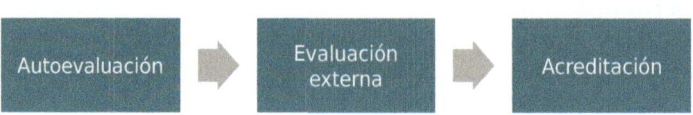

Por su parte, la **evaluación de la calidad** requiere la traducción de sus objetivos a criterios, estándares e indicadores del desempeño de cada miembro del personal y del rendimiento de todo el sistema.

4. El control y el aseguramiento de la calidad

☞ HILO CONDUCTOR

Una de las medidas adoptadas para la medición de la calidad en la prestación del servicio ha sido el diseño de un nuevo cuestionario de satisfacción, que será elaborado por M.ª Luisa Valdivia, responsable del Departamento de Atención al Cliente. Este cuestionario irá dirigido, sobre todo, a aquellos usuarios que adquieren sus productos a través de la página web. En este sentido, se ha optado por aumentar el número de ítems del formulario, con el fin de obtener resultados que arrojen un mayor grado de profundidad en relación a cuestiones que se plantean en el mismo.

El control de calidad consiste en la **implantación de programas, mecanismos, herramientas y/o técnicas en una empresa para la mejora de la calidad de sus productos, servicios y productividad.** En otros términos, se trata de una estrategia para asegurar el cuidado y la mejora continua en la calidad ofrecida al cliente.

Establecer un control de calidad persigue ofrecer y satisfacer a los clientes al máximo, así como lograr los objetivos de la empresa. Para ello, es necesario obtener la información necesaria acerca de los estándares de calidad que el mercado espera y controlar cada uno de los procesos hasta la obtención del producto/servicio, incluyendo servicios posteriores como la distribución.

Las mejores empresas son aquellas que cumplen estrictamente el control de calidad de sus productos.

 **DEFINICIÓN**

Control de calidad
El proceso para lograr los objetivos de calidad durante las operaciones, es decir, durante cada paso que se dé para transformar, modificar y/o vender los productos.

Como ya has visto, para garantizar la mejora continua de la calidad es necesario llevar a cabo un control y un aseguramiento de la misma. Definir una buena estrategia en esta línea asegura que la organización está realizando correctamente su plan de futuro, es decir, que lleva a cabo los procesos de acuerdo con un programa estructurado para lograr sus objetivos.

Por lo tanto, el control de calidad es un proceso de gestión para dirigir todo lo que se hace en la empresa, con objeto de **prevenir fallos y eliminar gastos y costes innecesarios que puedan dar lugar en un futuro a quejas y reclamaciones** de los clientes. Para ello, se muestra a continuación una lista con los pasos que debe dar una empresa que intente asegurar un proceso de calidad:

1. Seleccionar qué se quiere controlar.
2. Determinar las unidades de medida del proceso.
3. Establecer el sistema de medición de forma homogénea.
4. Elaborar los estándares de funcionamiento.
5. Medir el funcionamiento actual.

6. Interpretar la diferencia entre lo producido y lo establecido.
7. Tomar decisiones sobre las acciones que se deben aceptar.

 TAREA 16

José María trabaja en el Departamento de Servicio Técnico de una compañía de telecomunicaciones, donde atiende numerosas llamadas al cabo del día (avisos, incidencias, sugerencias, agradecimientos, peticiones, etc.).

Observa el siguiente fragmento extraído de la conversación que José María ha mantenido esta mañana con un cliente.

Cliente: Buenas tardes. Llamo para preguntar por qué mi línea telefónica lleva tanto tiempo sin funcionar. El viernes pasado perdí la conexión a Internet y llevo todo el fin de semana sin poder conectarme. Me he puesto varias veces en contacto con ustedes, pero nadie me da una solución.

En base a esto, elabora un diálogo con las posibles intervenciones de cada interlocutor, reflejando en todo momento una comunicación eficaz y de calidad.

A continuación, valora la importancia de la comunicación eficaz y la calidad en la atención y servicio al cliente como desarrollo de la empresa.

5. La retroalimentación del sistema

 HILO CONDUCTOR

Tras varias semanas de intensas reuniones, la directiva del grupo ha llegado a la conclusión de que tiene que renovar el sistema de retroalimentación de la empresa, lo cual supone disponer de un método que les permita averiguar qué desean sus clientes, cuáles son sus expectativas de cara a la marca y qué aspectos valoran de la misma; de esta forma, uno de los miembros de la directiva ha querido ir un poco más allá, encargándole a los responsables de los diferentes departamentos que hagan circular con fluidez dicha información, con el fin de adoptar todas las medidas necesarias en el menor tiempo posible.

Las quejas y reclamaciones del cliente hacia los servicios y productos de una empresa son interesantes si esta es capaz de solucionarlas. Por tanto, **el proceso de retroalimentación del cliente es una parte crítica del sistema de gestión de la calidad** y como tal debe recibir una atención adecuada; de hecho, la pérdida de clientes representa una de las principales preocupaciones de las empresas.

Según diferentes investigaciones, la **falta de soluciones ante las necesidades actuales del consumidor** y la **ausencia de un valor añadido ante sus expectativas** son las principales causas de la fuga de clientes. Por tanto, para aplicar una gestión estratégica basada en la calidad es necesario que toda la organización se involucre y participe en el proyecto, ya que es imposible lograr los objetivos de calidad marcados si no existe una clara motivación de todos los miembros de la plantilla.

Tras gestionar las quejas y reclamaciones, el empleado debe ofrecer una retroalimentación al sistema que sirva para mejorar el procedimiento de gestión.

En otras palabras, atender al cliente con entusiasmo y convicción plena es la mejor forma de satisfacerle plenamente y alcanzar el grado de excelencia, ya que lo contrario supondrá un importante volumen de pérdidas no solo a nivel económico, sino también en lo que a la motivación del personal se refiere.

La **retroalimentación del cliente** es uno de los **indicadores primarios de desempeño** que puede ser utilizado para juzgar la eficacia general del sistema de gestión de la calidad. Esto es, si se fabrica sin defectos o se presta un servicio sin defectos, el producto o servicio tendrá un coste menor, lo que permitirá ahorrar costes y/o establecer precios más competitivos.

De esta forma, el **coste asociado a la corrección de un error** será menor mientras antes se detecte en el proceso de desarrollo del producto o servicio, ya que no generará errores consecutivos; de hecho, existen estudios relacionados con los costes de la calidad en la empresa, donde se recogen los costes porcentuales clasificados en cuatro grandes grupos, tal y como se muestra a continuación:

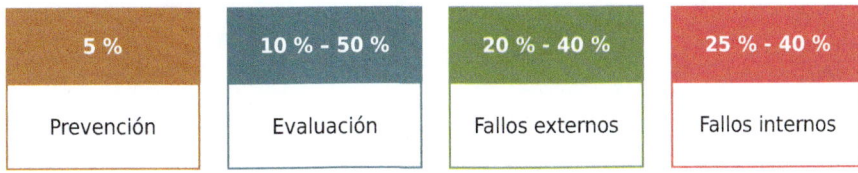

5 %	10 % – 50 %	20 % - 40 %	25 % - 40 %
Prevención	Evaluación	Fallos externos	Fallos internos

 **IMPORTANTE**

Los principios de calidad obligan a una actitud firme y determinada por parte de los diferentes estamentos de una empresa, ya que de lo contrario los costes se multiplican.

- -

El procedimiento utilizado para la **evaluación de los costes de la calidad constituye un sistema organizativo de gran importancia** que permite conocer la situación existente en la empresa en relación con dichos costes, determinando dónde inciden principalmente los gastos. Por ello, el liderazgo de la dirección debe ser representado de forma constante con una **actitud comprometida e implicada tanto en los resultados como en la confianza del equipo.**

Todos los elementos de la empresa han de estar relacionados con la implicación en los principios de calidad:

5.1. Calidad y seguimiento de la atención al cliente

Existen tres **elementos fundamentales** que se deben considerar al hacer un seguimiento de los procesos de atención al cliente en la empresa y que buscan la calidad de los mismos:

1. **Determinación de las necesidades del cliente:** el cliente tiene todo el protagonismo en la detección de sus necesidades y, sobre todo, de sus deseos, ya que en realidad son estos los que **determinan el éxito o no de un producto o servicio y su continuidad en el mercado.** Además, el cliente está siempre evaluando y comparando con el resto de las empresas para conseguir beneficios ocultos o declarados. Por lo tanto, **el cliente es el que lo decide todo,** el verdadero juez del proceso de calidad y sus consecuencias reales.

   Por ello, el objetivo de una organización orientada al cliente es dar soporte real y eficaz a los esfuerzos llevados a cabo por el personal para cumplir y sobrepasar las expectativas de la calidad total y permanente, de ahí la necesidad de elaborar estudios de mercado que analicen de forma sistemática y profesional hacia dónde se dirige el mercado, con el fin de romper las tendencias y asegurar resultados rentables en el futuro.

2. **Revisión de los ciclos de servicio:** hay que determinar las necesidades del cliente bajo parámetros de ciclos de atención. En la actualidad, las compras de los clientes se generan de una forma bastante libre y sin acogerse a reglas determinadas; no obstante, los sistemas de calidad que

intentan buscar parámetros y medidas en los movimientos del cliente logran analizar **elementos comunes en la decisión de compra,** encontrándolos en secuencias temporales de consumo ligados a alimentación, belleza, moda, viajes, etc.

3. **Encuestas de servicio con los clientes:** un correcto control de la atención debe partir siempre de una información especializada, en la que el usuario pueda expresar con claridad sus preferencias, dudas o quejas de manera directa a otra persona; en concreto, **una de las mejores formas de analizar los niveles de satisfacción del cliente es la realización de cuestionarios,** en los que se solicita su opinión acerca de diferentes actitudes, circunstancias y conocimientos del personal de atención y venta.

De estos elementos depende, en gran medida, el éxito de la calidad percibida.

 **EJEMPLO**

A continuación se muestra un ejemplo de la evaluación realizada por un cliente incógnito, una de las técnicas más utilizadas por las empresas para evaluar y medir la calidad en la atención al cliente:

FORMATO DE EVALUACIÓN DEL CLIENTE INCÓGNITO

Servicio y atención al cliente	Máximo 27
Saludo al usuario.	10
Atendió con cortesía: procurando un contacto visual y sonrisa espontánea.	7
No interrumpió en ningún momento la atención para charlar, hablar por teléfono, etc.	5
Se despidió del cliente.	5
Puesto de trabajo	**Máximo 30**
Dispone en su puesto de trabajo de los formularios y documentación necesaria.	10
Tiene una excelente presentación personal.	8
Portaba tarjeta identificativa.	10
Entregó un panel de sugerencias y solicitó que se evaluara el servicio.	5

 **TAREA 17**

Durante los últimos dos meses una compañía de seguros no ha dejado de recibir numerosas quejas y reclamaciones tanto por los productos como por el servicio de atención ofrecido al cliente; sin embargo, la empresa únicamente ha atendido un 2 % del total de quejas y reclamaciones recibidas, sin percatarse en ningún momento de que los costes por errores o fallos internos le van a suponer entre un 25 % y un 40 % del presupuesto total.

Sabiendo esto enumera, al menos, cinco posibles argumentos que le sirvan a la compañía para darse cuenta del coste que le ha supuesto la pérdida de clientes afectados por los errores y carencias en el servicio de atención.

5.2. Documentación de seguimiento: registro de sugerencias, quejas y reclamaciones

Para poder desarrollar el control y la medición de la calidad, hay que tener en cuenta las diferentes **formas de control de las percepciones que sienten los clientes, dentro de las cuales las más peligrosas son las quejas y las reclamaciones,** ya que pueden suponer una pérdida constante de rentabilidad y de clientes, en tanto que estos se pueden marchar a la competencia sin que la empresa conozca las verdaderas razones de por qué lo hacen.

Por esta razón, en los documentos correspondientes a las quejas o reclamaciones se marcan claramente los **elementos que se deben cuidar en la empresa,** ya que los mismos tienden a repetirse, apuntando hacia donde se dirige el mercado y las preferencias de los clientes a la hora de ser tratados.

A continuación, se recogen algunos de los aspectos mencionados con mayor frecuencia en este tipo de documentos:

- ➲ Disponibilidad percibida del servicio.
- ➲ Capacidad de reacción del personal de atención ante un posible fallo.
- ➲ Puntualidad y esmero del servicio en sí mismo.
- ➲ Profesionalidad de cualquier miembro del personal de la empresa.
- ➲ Satisfacción general con el servicio.

- Satisfacción general con el producto.
- Satisfacción o insatisfacción de algún aspecto del producto o servicio.

 ## ACTIVIDAD COMPLEMENTARIA

9. Lee detenidamente el siguiente artículo sobre las ventajas del análisis de quejas y reclamaciones para los servicios de reclamaciones de las empresas.

https://redirectoronline.com/mf13290302

En base a la lectura realizada, reflexiona acerca de por qué todavía son muchas las empresas que ignoran las quejas y reclamaciones que presentan a menudo sus clientes, describiendo esos motivos y los beneficios que puede aportar la atención a las quejas a las empresas.

- -

Desde el punto de vista de un sistema de calidad, **los cuestionarios deben registrarse cada vez que se rellene alguno,** ya que siguiendo lo indicado en el proceso de normalización de la calidad, estos se convierten en un elemento de obligado cumplimiento.

Por otra parte, la dirección de la empresa debe **fomentar que el personal de atención al cliente ofrezca los cuestionarios y los formularios de forma habitual,** con el fin de que las opiniones de los clientes se vean apoyadas por la estadística y repetición de las cuestiones expresadas en cualquier dirección, creando una importante corriente de opinión.

Asimismo, tener definido un proceso de gestión de las sugerencias servirá de ayuda para encauzar y sistematizar la información recibida, reconociendo las mejores por medio de un sistema de premios para estimular que fluya dicha información.

La medición de la satisfacción de los clientes mediante una encuesta de satisfacción aporta datos útiles para mejorar el servicio.

 EJEMPLO

La empresa puede ofrecer a los clientes que participen en el sistema de sugerencias regalos, participación en sorteos o descuentos en los productos o servicios ofertados.

 TAREA 18

Los repartidores a domicilio de una conocida empresa de electrodomésticos han recibido últimamente numerosas quejas por los retrasos en los plazos de entrega. Según la propia compañía, dichos plazos pueden variar dependiendo de la zona geográfica de envío, siendo el plazo medio de entrega de uno a tres días hábiles siempre y cuando los artículos pedidos se encuentren en *stock*. El caso es que uno de los clientes se ha negado a pagar esta mañana el producto adquirido por un retraso de cinco días respecto al plazo de entrega previsto.

Según esto, cumplimenta la queja correspondiente y modifica la nota de entrega del pedido a partir de las plantillas que aparecen a continuación.

Continúa en página siguiente >>

<< Viene de página anterior

NOTA DE ENTREGA   N.º

_____ de _____ de ____

CLIENTE:

CANT.	CONCEPTO-REFERENCIA	PRECIO	IMPORTE

MDP-GESTIÓN DE INCIDENCIAS	REGISTRO-INCI-01-	PÁG.	DE
LISTADO DE INCIDENCIAS			

N.º de incidencia	Descripción	Abierta por:	Fecha	Tipo	Cerrada

Continúa en página siguiente >>

<< Viene de página anterior

Una vez que hayas cumplimentado la documentación, detalla los procedimientos más habituales para el registro de incidencias y argumenta las ventajas que supone dicho registro para la mejora del servicio.

---

6. La satisfacción del cliente

☞ HILO CONDUCTOR

Una vez que los diferentes departamentos del grupo han comprendido la importancia de hacer fluir con rapidez la información recibida, la directiva ha concluido el proceso de renovación de su política con una clara propuesta orientada hacia la fidelización y asesoramiento al cliente. Es por ello que el servicio de atención ha recibido la instrucción de minimizar todo lo posible los riesgos de pérdidas de clientes, orientando todas las herramientas y canales de comunicación hacia el seguimiento y la fidelización de los diferentes tipos de clientes.

En la actualidad, lograr la plena satisfacción del cliente es un requisito indispensable para ganarse un lugar en la mente del mismo y tratar de averiguar dónde se dispone a adquirir un producto o servicio determinado.

Por ello, el objetivo de mantener satisfecho a cada cliente ha traspasado las fronteras del Departamento de Ventas o Atención al Cliente, constituyendo una de las principales metas de todas las áreas funcionales de la empresa, ya que si no existiera dicha unidad de acción no existiría coherencia interna y el cliente acabaría percibiendo las diferencias internas y mostrando su disconformidad.

Medir la satisfacción de los clientes permite a las empresas conocer sus propias fortalezas y debilidades.

 PARA SABER MÁS

Accede al siguiente enlace para ver un vídeo en el que se enumeran las cinco normas que AENOR establece sobre la calidad del servicio y satisfacción al cliente, de gran utilidad para todo tipo de empresas y organizaciones.

https://redirectoronline.com/mf13290303

6.1. Beneficios de lograr la satisfacción del cliente

Ya conoces la importancia de la satisfacción del cliente, pero hay que detenerse a analizar los **beneficios que toda empresa puede obtener al lograr la satisfacción de sus clientes:**

⮞ Un cliente satisfecho, en primer lugar, es menos sensible a la competencia que otro que no lo esté, es decir, echa menos cuenta a las ofertas, por ejemplo, porque se siente bien tratado y, por lo tanto, justificará de forma racional sus percepciones emocionales para seguir comprando.

⮞ Un cliente satisfecho habla bien a los demás de la empresa en la que compra, ya que confía en ella. Se produce el boca-oreja que genera tanto beneficio, ya que rentabiliza la publicidad al máximo porque es gratuito para la organización, y genera mayor confianza a los demás que los sistemas publicitarios y de propaganda.

⮞ Un cliente satisfecho es rentable cuando es fiel a la compra. Se dice que un cliente es fiel cuando el cincuenta por ciento de las compras que realiza en un año de la misma gama de productos lo hace de una marca determinada. Ahí es cuando un cliente genera rentabilidad, ya que los mismos costes de captación, publicidad, logística, etc., se aprovechan para generar múltiples compras.

⮞ En la mente inconsciente del cliente satisfecho siempre tenderá a aparecer la organización en la que confía, sin darse cuenta del todo de ello, es decir, cada vez que surge el deseo de compra aparece la empresa "sin querer", de forma involuntaria, con lo que el líder de cada sector es el beneficiado de serlo, ya que aparecerá en mayor número de mentes.

⮞ Un cliente satisfecho asegura el futuro de la empresa. No existe mejor fórmula para conseguir la proyección positiva en el tiempo que tener un buen número de clientes que sigan comprando.

 **RECUERDA**

Cualquier empresa que logre la satisfacción del cliente obtendrá como beneficio la fidelidad de este, publicidad gratuita y una determinada cuota de mercado, que se irá ampliando gracias a la fidelidad progresiva y un puesto destacado en la mente del cliente.

6.2. Técnicas de control y medición

Entendida como el resultado de comparar el rendimiento que le produce la compra de un producto o servicio con las expectativas que previamente tenía, la **satisfacción del cliente** está conformada por tres **elementos:**

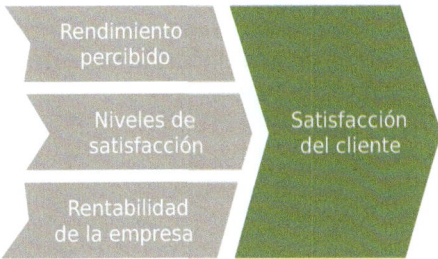

En la actualidad son tres las **técnicas en las que se centran el control y la gestión de la calidad:**

1. **El control estadístico de la calidad:** en esta línea cabe destacar el auge adquirido por los gráficos de control multivariantes, basados en el estudio conjunto de variables cuantitativas de la calidad que se hallan correlacionadas.
2. **La calidad total:** se desarrolla en un ambiente de gran competitividad, donde el cliente es el objetivo principal de la producción. Consiste en el compromiso global de la empresa en una mejora continua de la calidad, utilizando los medios necesarios para que todo el personal se involucre en este objetivo común.
3. **El aseguramiento de la calidad:** dado que la inspección al 100 % resulta cara e inviable en algunos casos, ha surgido la tendencia de organizar la empresa para desarrollar todo tipo de acciones planificadas y sistemáticas con el fin de proporcionar al cliente la confianza de que los productos y servicios cumplirán las exigencias requeridas en relación con la calidad.

 SABÍAS QUE...

La cuestión de hasta qué punto debe invertir una empresa para lograr la satisfacción de sus clientes es frecuentemente formulada, ya que en muchas ocasiones los responsables de mercadotecnia sugieren incrementar los niveles de satisfacción de los clientes disminuyendo precios o incrementando servicios. Ambas situaciones pueden llegar a mejorar los índices de satisfacción, pero a costa de disminuir las utilidades de la empresa.

A continuación se analizarán cada uno de los elementos que conforman la **satisfacción del cliente** y que deben tenerse en cuenta en la medición y control de la calidad.

Rendimiento percibido

A partir de las expectativas del cliente, cuando reciba el servicio o la compra del producto este tendrá una percepción determinada, por lo que hay que **reparar en la importancia que tiene el retorno para la comprobación de lo que el cliente ha recibido,** que puede ser diferente a lo que la empresa considera que otorga a sus clientes.

Por lo tanto, debe tenerse en cuenta que **el rendimiento percibido se determina desde el punto de vista del cliente;** se basa en las percepciones del cliente, **no necesariamente en la realidad;** sufre el impacto de las opiniones de otras personas que influyen en el cliente y depende del estado anímico y los razonamientos del mismo.

El componente principal de las percepciones del cliente lo constituye la calidad del producto o servicio.

 **EJEMPLO**

Natalia y Howard han sido invitados al lanzamiento de un nuevo vehículo lanzado por la empresa TAES, un utilitario diésel de prestaciones modestas. Natalia es

Continúa en página siguiente >>

<< Viene de página anterior

una persona con alto poder adquisitivo que siempre ha conducido coches de alta gama, por lo que este vehículo no ha cumplido con sus expectativas. Por otro lado, el rendimiento percibido por Howard es mucho mayor, acostumbrado este a moverse con un pequeño utilitario con más de 20 años.

Niveles de satisfacción

Una vez que se ha recibido el trato por parte de la empresa, los clientes experimentan un nivel de satisfacción, con independencia de que hayan adquirido o no un producto. En este sentido, hay que diferenciar entre la **insatisfacción** y la **satisfacción.**

Satisfacción	Insatisfacción
- Cuando dicha prestación está por encima de las expectativas del cliente.	- Cuando la prestación percibida del producto no alcanza las expectativas del cliente.

Dicho esto, hay que advertir que la **disminución de los índices de satisfacción del cliente no siempre significa una disminución en la calidad** de los productos o servicios, ya que en muchos casos se debe a un aumento en las expectativas de este, debido especialmente a la publicidad y las ventas personales.

Para determinar el nivel de satisfacción del cliente es necesario **controlar las expectativas** del mismo a través de la siguiente fórmula:

$$\text{Rendimiento percibido} - \text{Expectativas} = \text{Nivel de satisfacción}$$

Esta fórmula representa la verdadera razón de ser de los profesionales de la atención al cliente, quienes deben reconocer en todo momento que dependen en última instancia del nivel de satisfacción.

Rentabilidad de la empresa

Para poder desarrollar la fórmula que determina el nivel de satisfacción hay que **acudir a la fuente primaria de información,** que no es otra que el propio cliente, con el objetivo de averiguar mediante una **investigación de mercado** tanto el **resultado que obtuvieron al adquirir el producto o servicio como las expectativas que se tenían** antes de llevar a cabo la compra. En este sentido, cabe destacar los tres tipos de relaciones que puede establecer la calidad:

Relación entre los niveles de calidad y la rentabilidad
- Una mayor calidad de los productos y servicios conlleva un aumento de la rentabilidad para la empresa.

Relación entre los niveles de calidad y la participación de mercado
- La mayor calidad del servicio es causa de una mayor participación de mercado.

Relación entre la calidad y los precios más altos
- Si a unos costos más bajos se les suma una más alta participación de mercado y unos precios más altos, resulta fácil explicar por qué la más alta calidad conduce a niveles relativos de rentabilidad más altos.

Por último, hay que recordar que si una empresa quiere alcanzar sus objetivos a corto, medio y largo plazo tiene que establecer una **cultura organizacional en la que el trabajo de todos los miembros esté enfocado a satisfacer al cliente;** de otra forma, y sobre todo en la situación actual del mercado, sería imposible conseguirlo.

Se ha demostrado que existe un vínculo importante entre la calidad de un producto y la rentabilidad de la empresa.

6.3. Principales motivos de no satisfacción y sus consecuencias

Los principales motivos de la insatisfacción del cliente suelen basarse en el resultado de la fórmula que has visto anteriormente; esto es, en la **diferencia existente entre las percepciones y las expectativas** del cliente respecto a los servicios y productos que espera recibir y los que realmente siente haber recibido.

No debe olvidarse que **detrás de las percepciones negativas suele haber razones que pueden sorprender,** ya que la mayoría de los clientes que abandonan una empresa se encuentran satisfechos con la misma. Es por ello que hay que estar muy atentos y tratar de **averiguar cuáles son los verdaderos motivos** que desencadenan que un cliente comience a pensar en dejar de visitar una empresa o sustituir una marca por otra.

A continuación, se recogen de manera detallada los **motivos más frecuentes** por los que un cliente puede decidir cambiar de empresa:

- ⮞ Defectos de calidad del producto. Son los más disculpables y sencillos de subsanar, ya que se basan en una percepción del producto.
- ⮞ Defectos en la calidad del servicio. Son los más graves, ya que suponen que el 95 % de los clientes que se sienten defraudados no vuelvan a comprar en dicha empresa.
- ⮞ Un gran riesgo para las empresas que no son sensibles a las quejas y reclamaciones es que no se tome medida alguna ante estas.

⊃ Las empresas a las que parece no importarle la figura del cliente insatis-
fecho corren el riesgo de no tomar ninguna actitud de reforma.

⊃ Son muchas las empresas que después de haber adquirido un determinado compromiso con el cliente no emiten contestación alguna, provocando que este se sienta olvidado.

7. La motivación personal y la excelencia empresarial

☞ HILO CONDUCTOR

Tomando como referencia el nivel de satisfacción de los clientes, la junta directiva del grupo ha pedido a los responsables de cada área o departamento
que hagan el favor de transmitir a sus trabajadores la adopción de una serie de
medidas relativas a los periodos vacacionales y días libres a lo largo del año. El
objetivo no es otro que aumentar el actual grado de motivación y satisfacción
de la plantilla, ya que una plantilla debidamente motivada resulta más produc-
tiva a la hora de atender al cliente en cualquiera de las situaciones habituales.

En cualquier proceso de mejora de la calidad de una empresa **el factor
clave es el cliente, ya que de él dependen los requisitos del producto o
servicio ofrecido,** y de sus niveles de satisfacción el inicio permanente del
proceso de mejora.

Aunque existen empresas que relegan las inquietudes y necesidades del
trabajador a un segundo plano, también hay otras que son conscientes de
la necesidad de contar con una **plantilla motivada y satisfecha.** Dicho
esto, el **sistema de desarrollo de la calidad** debería ayudar a **fomentar una
percepción más atractiva del trabajo, contribuyendo a la búsqueda de
la excelencia** de la empresa como conjunto y de cada persona de forma
individual.

Orientar los esfuerzos hacia la excelencia empresarial implica obtener la máxima eficiencia posible en todos los procesos de gestión.

Si la motivación del trabajador está directamente relacionada con la productividad y la rentabilidad, es prácticamente una **obligación de las empresas disponer de trabajadores motivados y comprometidos,** para lo cual se pueden adoptar distintos tipos de incentivos: económicos, horarios flexibles, días libres o vacaciones, reconocer los logros alcanzados, crear expectativas de futuro, etc. A fin de cuentas, un personal bien motivado es el activo más importante de la empresa.

IMPORTANTE

El mejor sistema para crear un equipo es a través de un personal motivado que sea consciente de la importancia de su trabajo tanto en el resultado final como en la calidad de su empresa.

EJEMPLO

Para mantener a sus trabajadores motivados, empresas como *Google* ofrecen a sus trabajadores guarderías, *spa*, lavanderías o masajes en el lugar de trabajo.

8. La reorganización según criterios de calidad

☞ HILO CONDUCTOR

El proceso iniciado por la junta directiva de GLM gira en torno a la reorganización del grupo en base a criterios de calidad; de esta forma, se ha llevado a cabo la reubicación de algunos de los trabajadores dentro del propio servicio de atención al cliente, se ha buscado la implicación de la plantilla con la consecución de diferentes premisas e, incluso, se ha fomentado el trabajo en equipo como instrumento de mejora permanente, todo ello en pos del aseguramiento de la calidad dentro de la organización.

En la filosofía actual de las empresas hay una serie de **elementos que deberían cambiarse para que su existencia, progresión y desarrollo garanticen las posibilidades de futuro** de la empresa. Los principios de esta organización basada en la calidad total son relativamente simples; sin embargo, algunas organizaciones han tenido dificultades en su aplicación, ya que implican una **orientación hacia la cultura de la calidad.**

A continuación, se recogen de manera detallada los fundamentos en los que se basa dicha reorganización:

- ⮑ El objetivo básico es la competitividad y productividad.
- ⮑ El trabajo bien hecho como sistema de implicación básica.
- ⮑ La mejora continua a través de la colaboración de todo el personal.
- ⮑ El trabajo en equipo como fundamento de la mejora permanente.
- ⮑ La comunicación, la información, la participación y el reconocimiento como bases del respeto y la motivación del personal.
- ⮑ Prevención de errores y fijación de objetivos de mejora reales.
- ⮑ Evaluación de resultados y satisfacción de las necesidades del cliente.

La aplicación de estos principios provocará **beneficios siempre que sean asimilados por todos los departamentos de la empresa;** es decir, si únicamente lo aplican determinados grupos o individuos de la misma, no supondrán más que una ligera mejora temporal, impidiendo así que arraiguen los cambios que realmente son necesarios para la obtención de los resultados deseados.

TAREA 19

Los trabajadores del servicio de atención al cliente de una cadena hotelera han asistido recientemente a un taller de formación sobre la importancia de fidelizar y orientar al cliente. La mayoría de ellos han asimilado el contenido de la materia en parte gracias a su experiencia; sin embargo, algunos no han logrado entender lo importante que puede llegar a ser la fidelización para las empresas hoteleras; de hecho, consideran que todos los esfuerzos realizados por la compañía deben estar orientados hacia el producto o servicio que esta ofrece.

Sabiendo esto, busca información en la red y localiza una empresa del sector de la hostelería cuya web esté orientada hacia la fidelización del cliente. Asimismo, identifica los criterios que se han podido tener en cuenta para llevar a cabo ese enfoque, así como las características y ventajas del mismo, con el fin de que los alumnos citados comprendan su importancia.

----

9. Las normas ISO 9000

 HILO CONDUCTOR

Para la instauración del nuevo sistema, la junta directiva del grupo ha tomado como referencia la norma ISO-9001, en la que se describe el modelo para lograr el aseguramiento de la calidad en diseño y desarrollo de los procesos de producción, instalación y postventa. Esto no quiere decir que en un futuro a corto plazo la compañía haga lo propio con otras normas como, por ejemplo, la ISO-9000, sobre las relaciones entre los principales conceptos de la calidad, o la ISO-9004, sobre las reglas generales para la gestión de la calidad.

Dentro del sistema de consecución de nuevos niveles de calidad, la organización tiene que **seguir unos procesos establecidos por la entidad certificadora, determinados y supeditados a la inspección** y, por lo tanto, al control de la Organización Internacional de Normalización (ISO).

Por ello, las empresas han de **determinar el alcance de su certificación,** es decir, cuáles de los procesos que suelen seguir quieren acoger a dicho sistema de control interno y externo así como los departamentos que deben involucrarse de manera directa y comprometida hacia nuevas formas y acciones, pues serán sometidas a auditorías periódicas e intensivas antes de obtener el certificado definitivo.

Durante la ejecución del proceso la empresa tendrá que **formar a su personal en aspectos relativos a la gestión de la calidad**, con el objetivo de que comprenda que la tarea que realiza tiene una incidencia en el total de la actividad y la rentabilidad del proceso, así como en la satisfacción final del cliente.

La norma ISO 9001 es una norma internacional de gestión de la calidad aplicable a cualquier tipo de organización de cualquier sector o actividad.

IMPORTANTE

La imagen de una empresa con certificado de calidad aumenta su valor, ya que de esta forma su preocupación por trabajar con altos niveles de productividad y rentabilidad es reconocida a nivel internacional.

Los propósitos que mueven a una empresa a involucrarse en un proyecto destinado, por ejemplo, a la implantación de la norma ISO 9001 comprenden habitualmente obtener una ventaja competitiva, diferenciarse de la competencia, demostrar su preocupación por la calidad, iniciar un proyecto dirigido hacia la calidad total o, simplemente, cumplir con la exigencia de sus clientes.

No obstante, si se hace referencia a la **certificación ISO** desde un punto de vista más genérico, los **beneficios** de dicho proceso serían:

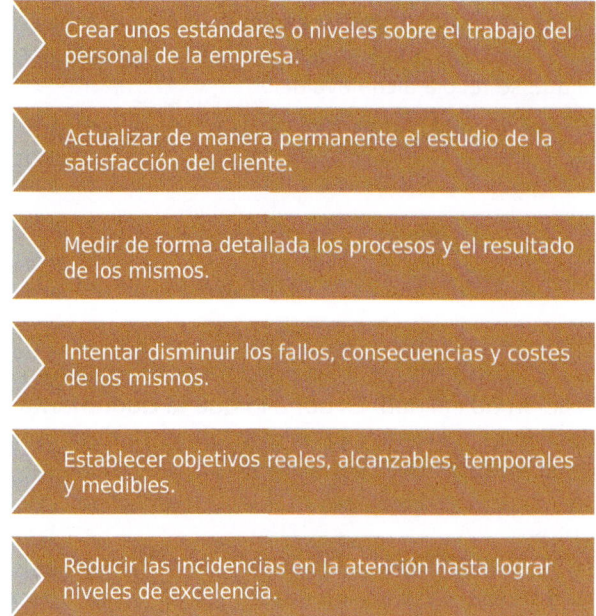

> Crear unos estándares o niveles sobre el trabajo del personal de la empresa.

> Actualizar de manera permanente el estudio de la satisfacción del cliente.

> Medir de forma detallada los procesos y el resultado de los mismos.

> Intentar disminuir los fallos, consecuencias y costes de los mismos.

> Establecer objetivos reales, alcanzables, temporales y medibles.

> Reducir las incidencias en la atención hasta lograr niveles de excelencia.

DIAGNÓSTICO INICIAL
para conocer el funcionamiento de la empresa realizar la planificación de la implantación de la ISO 9001

IMPLANTACIÓN
y puesta en marcha del sistema de Gestión de calidad

AUDITORÍA CERTIFICADORA
realizada por una entidad acreditada

ELABORACION
de la documentación del sistema de calidad ISO 9001

AUDITORÍA INTERNA
para detectar posibles desviaciones

CERTIFICACIÓN ISO 9001

Pasos a seguir por una empresa u organización para certificarse con la norma ISO:9001

ACTIVIDAD COMPLEMENTARIA

10. Investiga y reflexiona sobre la evolución que ha sufrido el modelo de calidad según las normas que establece AENOR y elabora un cuadro cronológico en el que se recoja dicha evolución.

9.1. Funcionamiento de la certificación

Cada uno de los sectores de producción establece determinadas regulaciones que deben ser cumplidas por cualquier empresa que desee obtener la certificación de calidad. Es por ello que **la documentación del sistema de calidad debe armonizar los requisitos genéricos de la ISO con los requisitos específicos del sector** en el que se desenvuelve la empresa; de esta forma, las entidades deberán contar necesariamente con una serie de documentos:

- ⮑ **Manual de Calidad:** documento de la empresa donde se recogen los objetivos de la misma en lo referente a la calidad.
- ⮑ **Manuales de Procedimientos:** en estos documentos la empresa define sus actividades de forma detallada, basándose en un aspecto de la administración de la misma.
- ⮑ **Procedimientos generales y específicos:** este documento recoge los pasos consecutivos para el desarrollo y la puesta en marcha del manual tanto de forma genérica como de forma concreta y detallada.
- ⮑ **Registros:** es el documento que evidencia de forma objetiva todas las actividades relacionadas con la calidad.
- ⮑ **Planes de Calidad:** en estos planes se recogen los objetivos, acciones y estándares que regularán el proceso de calidad.
- ⮑ **Especificaciones:** documento técnico que declara las características, materiales y servicios necesarios para generar productos, así como su empaquetamiento, conservación y distribución.

10. Resumen

En la actualidad los **sistemas de calidad** se basan en establecer el propósito de **mejorar constantemente el producto y el servicio, con el fin de ser**

más competitivos y continuar en el mercado. En este sentido, un requisito indispensable para lograr dichos objetivos es que todos los niveles y funciones de la empresa se involucren en programas de aprendizaje para alcanzar la meta de la excelencia y la plena calidad.

Sin embargo, el **cambio de la cultura empresarial hacia la calidad total y la excelencia** es un proceso complejo que requiere tiempo y esfuerzo. Asimismo, para que se lleve a cabo con eficacia existe una condición que debe cumplirse de manera ineludible y es que los líderes de la organización estén convencidos de la necesidad de cambiar, así como del papel que ellos mismos deben desempeñar para que ese cambio se produzca.

Dentro de este proceso, uno de los apartados a los que es necesario prestarle mayor atención es el referido al **control y aseguramiento de la calidad,** entendido como la **implantación de programas, mecanismos, herramientas y/o técnicas** en una empresa para la mejora de la calidad de sus productos, servicios y productividad.

Control de la calidad

Aseguramiento de la calidad

Gestión de la calidad

Las **expectativas del cliente y su relación con el servicio** recibido serán las que marcarán los **niveles de calidad** del mismo. Estos niveles pueden controlarse y ser medidos a través de diferentes tipos de técnicas, siendo las principales: el control estadístico de la calidad, la calidad total y el aseguramiento de la calidad.

Establecer un control de calidad persigue ofrecer y satisfacer a los clientes al máximo, así como lograr los objetivos de la empresa. Para ello, es necesario obtener la **información necesaria acerca de los estándares de calidad que el mercado espera,** apostando siempre a corto o medio plazo por la certificación del proceso e involucrando y haciendo partícipes a los empleados en el desarrollo del mismo a través de diferentes iniciativas y mecanismos de participación y comunicación.

Todo este proceso estará marcado por el **modelo normalizado básico de aseguramiento de la calidad,** constituido por las normas ISO-9000, ISO-9001, ISO-9002, ISO-9003 e ISO 9004.

Ejercicios de autoevaluación
Unidad de Aprendizaje 3

1. El proceso de gestión de la calidad se certifica mediante la...

    a. ... cuantificación.
    b. ... normalización.
    c. ... cualificación.
    d. ... internacionalización.

2. Indica si las siguientes afirmaciones son verdaderas o falsas.

    a. La gestión de la calidad es hoy en día una alternativa de la empresa indispensable para el crecimiento y la supervivencia de la propia organización, en cualquiera de los entornos en los que actúe.

        ■ Verdadero
        ■ Falso

    b. La principal desventaja de la normalización para las empresas es la desmotivación que experimenta el personal de estas organizaciones.

        ■ Verdadero
        ■ Falso

3. ¿En qué consiste la normalización?

_____
_____
_____
_____

4. Cada defecto tiene un coste asociado a su corrección. Este coste es menor mientras más temprano se detecte en el proceso de desarrollo...

       a. ... de la calidad del producto.
       b. ... del producto o servicio.
       c. ... del servicio sin calidad.
       d. ... de la empresa.

5. ¿Cuáles son los elementos que se deben considerar al hacer un seguimiento de los procesos de atención al cliente en las empresas?

_____

_____

6. ¿Cuál es la mejor fórmula para controlar, conocer y extraer conclusiones de la forma de atender al cliente?

       a. Los cuestionarios de evaluación.
       b. Rendimiento percibido.
       c. El control de calidad.
       d. La asertividad.

7. ¿Cuál es la fórmula de la satisfacción?

_____

_____

8. La documentación del sistema de calidad debe armonizar los requisitos de las ISO que son genéricos, con los requisitos específicos del sector en que se desenvuelve...

       a. ... la calidad.
       b. ... la entidad certificadora.
       c. ... la organización.
       d. ... la gestora.

9. Indica si las siguientes afirmaciones son verdaderas o falsas.

   a. El manual de calidad es el documento que evidencia de forma objetiva todas las actividades relacionadas con la calidad.

   - Verdadero
   - Falso

   b. Los planes de calidad recogen los objetivos, actuaciones y estándares que regularán el proceso de calidad.

   - Verdadero
   - Falso

10. Escribe al menos dos beneficios de lograr la satisfacción del cliente.

_____
_____
_____
_____
_____
_____
_____
_____

Glosario

Acreditación

Procedimiento mediante el cual un organismo de acreditación autorizado reconoce formalmente que una organización es competente para la realización de una determinada actividad de evaluación de la conformidad.

Articulación

Pronunciación clara y distinta de las palabras, por lo que al teléfono hay que vocalizar, hablar a cierta distancia del auricular, no comerse palabras y sonreír.

Asertividad

Técnica de comunicación de las personas directas y eficaces, aquellas que respetan y se hacen respetar por los demás.

Atención

Actitud consciente para advertir de forma evidente los estímulos que llegan del exterior.

Auditoría

Revisión sistemática de una actividad o de una situación para evaluar el cumplimiento de las reglas o criterios objetivos a que aquellas deben someterse.

Autocontrol

Habilidad de controlar las propias emociones, comportamientos y deseos con el fin de obtener alguna recompensa posterior, es la capacidad de gestión eficiente del futuro.

Barrera comunicativa

Es toda aquella que interrumpe de manera total o parcial la comunicación o afecta a la fidelidad de los mensajes.

Calidad de un producto o servicio

Percepción que el cliente tiene del mismo, es una fijación mental del consumidor que asume conformidad con dicho producto o servicio y la capacidad del mismo para satisfacer sus necesidades.

Certificación

Acción llevada a cabo por una entidad reconocida como independiente de las partes interesadas, mediante la que se dispone que los productos y servicios de una empresa tengan la confianza adecuada, conforme con una norma u otro documento normativo especificado.

Comprensión

Significado que debe entenderse y que realmente genera una reacción en la otra persona.

Comunicación efectiva

Acto de hacerse entender correctamente, ya sea formalmente (como por el medio escrito) o combinado con gestos corporales adecuados. La idea es que el receptor del mensaje comprenda el significado y la intención de lo que se está comunicando.

Comunicación no verbal

Proceso de comunicación mediante el envío y recepción de mensajes sin palabras, es decir, se da mediante indicios, signos... No tiene estructura sintáctica.

Comunicación verbal

Uso de las palabras para la interacción entre los seres humanos, el lenguaje propiamente dicho, expresado de manera hablada o escrita. Constituye un nivel primario de comunicación y se centra en "lo que se dice". La base de este tipo de comunicación está en la utilización de conceptos.

Comunicación

Es bidireccional, ya que alguien emite un mensaje y otra persona es la que lo recibe, pero al hacerlo suyo reacciona ante dicho mensaje, con lo cual posteriormente le transmitirá al emisor inicial las consecuencias provocadas por dicho mensaje.

Control de calidad

Proceso para alcanzar los objetivos de calidad durante las operaciones, es decir, durante cada paso que se dé para transformar, modificar y hasta vender los productos.

Cultura empresarial

Elemento que identifica la forma de ser de un empresa y se manifiesta en las formas de actuación ante los problemas y oportunidades de gestión y adaptación a los cambios y requerimientos de orden exterior e interior, que son interiorizados en forma de creencias y talantes colectivos que se trasmiten y se enseñan a los nuevos miembros como una manera de pensar, vivir y actuar.

Disuadir

Persuadir a otra persona para que actúe o piense de una forma diferente.

Díptico

Folleto conformado por dos carillas dobladas que se utiliza para publicitar o promocionar ciertos aspectos de una empresa en concreto.

Elocución

Forma de seleccionar las palabras, formar las oraciones y distribuir los pensamientos en un discurso.

Empatía

Identificación mental y afectiva de un sujeto con el estado de ánimo de otro.

Escucha activa

Acción de escuchar y entender la comunicación desde el punto de vista del que habla, no solo lo que está expresando directamente, sino también los sentimientos, ideas o pensamientos que subyacen a lo que se está diciendo.

Escuchar

Acción de entender, comprender o dar sentido a lo que se oye.

Excelencia

Resalta la considerable calidad que convierte a un individuo u objeto en merecedor de una estima y aprecio elevados.

Excelencia empresarial

Conjunto de prácticas sobresalientes en la gestión de una organización y el logro de resultados basados en conceptos fundamentales que incluyen: la orientación hacia los resultados, orientación al cliente, liderazgo y perseverancia, procesos y hechos, implicación de las personas, mejora continua e innovación, alianzas mutuamente beneficiosas y responsabilidad social.

Feedback o retroalimentación

Proceso mediante el cual se realiza un intercambio de datos, informaciones, hipótesis o teorías entre dos puntas diferentes. Este término puede, así, aplicarse tanto a situaciones sociales como también a situaciones científicas, tanto biológicas como tecnológicas.

ISO *(International Standardization Organization)*
La Organización Internacional de Normalización es el organismo encargado de promover normas universales en el ámbito del comercio, fabricación y comunicación.

Imagen personal
Es la que se articula sobre personas. A veces esta imagen es involuntaria, no está elaborada conscientemente por el emisor, pero en otros casos sucede todo lo contrario.

Información
Actúa de forma unidireccional. El carácter de una única dirección de la información indica que cuando esta se produce, la persona que la recibe no puede emitir un mensaje de contestación al mismo de forma inmediata, por lo que se limita a la recepción de las ideas o mensajes transmitidos. Esto se da, por ejemplo, en la televisión, la radio, la prensa, etc.

Lenguaje corporal
Conjunto de signos y gestos que componen el lenguaje no verbal.

Lenguaje verbal
Conjunto de palabras y oraciones que se utilizan para transmitir un mensaje.

Liderazgo
Conjunto de habilidades gerenciales o directivas que un individuo tiene para influir en la forma de ser de las personas o en un grupo de personas determinado, haciendo que este equipo trabaje con entusiasmo en el logro de metas y objetivos.

Locución
Modo de hablar de un individuo.

Marketing
Según Philip Kotler, el *marketing* es el proceso social y administrativo por el que los grupos e individuos satisfacen sus necesidades al crear e intercambiar bienes y servicios.

Mensaje
Proceso de comunicación, el mensaje contiene la información que se desea transmitir (ideas, conceptos, avisos, sentimientos, peticiones, etc.).

Norma ISO
Normas definidas por la *International Standarization Organization,* un sistema global para productos de diferentes áreas.

Normalización
Actividad colectiva encaminada a establecer soluciones a situaciones repetitivas. En particular, esta actividad consiste en la elaboración, difusión y aplicación de determinadas normas.

OMIC
Oficina Municipal de Información al Consumidor.

Oír
Acción de percibir vibraciones de sonido.

Parafrasear
Verificar o decir con las propias palabras lo que parece que el emisor acaba de decir. Es muy importante en el proceso de escucha ya que ayuda a comprender lo que el otro está diciendo y permite verificar si realmente se está entendiendo, y no malinterpretando lo que se dice.

Proactividad
No significa solo tomar la iniciativa, sino asumir la responsabilidad de hacer que las cosas sucedan.

Productividad
Indicador de eficiencia que relaciona la cantidad de recursos utilizados con la cantidad de producción obtenida.

Queja
Disconformidad con algo o alguien.

Receptor
En el contexto del proceso de comunicación, el receptor es la persona que recibe e interpreta el mensaje gracias a la decodificación.

Reclamación
Oposición o contradicción que se hace a algo como injusto, o mostrando no consentir en ello.

Relegar
Acción consistente en apartar o dejar de lado a un individuo.

Rentabilidad
Consiste en generar beneficios adicionales sobre el capital invertido en un proyecto de inversión.

Sistema de Gestión de la Calidad
Serie de actividades coordinadas que se llevan a cabo sobre un conjunto de elementos (recursos, procedimientos, documentos, estructura organizacional y estrategias) para lograr la calidad de los productos o servicios que se ofrecen al cliente, es decir, planear, controlar y mejorar aquellos elementos de una organización que influyen en la satisfacción del cliente y en el logro de los resultados deseados por la organización.

Sonrisa telefónica
Convicción de que la simpatía que emite el personal de atención al cliente posee una gran importancia en la comunicación telefónica, ya que se "oye", se percibe a través del teléfono, y crea una corriente positiva para el interlocutor del mensaje.

Síndrome del experto
Es tener las respuestas al problema de la otra persona antes incluso de que haya contado la mitad de la historia.

Tecnicismos
Conjunto de palabras específicas de una profesión.

Tolerancia
Actitud consistente en respetar las opiniones, pensamientos y actuaciones de los demás individuos aunque no se mantenga la misma opinión.

Tono de voz
Intensidad, volumen y timbre utilizado para transmitir un mensaje mediante el lenguaje verbal.

Unidireccional
Va en una sola dirección.

Ventaja competitiva
Superioridades que tienen unas organizaciones con respecto a otras empresas competidoras.

Visualización
Acción consistente en imaginar las posibles situaciones a las que se pueda tener que enfrentar, para analizar y buscar las mejores soluciones y alternativas para resolverlas. De esta forma, el trabajador consigue mejorar la

velocidad de reacción e improvisación de respuestas adecuadas y puede adaptarse con mayor facilidad a situaciones de gran presión.

Vocabulario
Conjunto de palabras que conforman una lengua.

Voz monocorde
Voz monótona y uniforme, sin cambios en la entonación.

Zona geográfica
Extensión de tierra que se encuentra delimitada con la finalidad de distribuir y diferenciar el terreno.

Bibliografía

Monografías

→ ARTAL Castell, M.: *Dirección de ventas*. Barcelona: ESIC, 2015.

   Manual en el que se analiza la organización del Departamento de Ventas y del equipo de vendedores.

→ BISWAS, S.: *Relationship Marketing*. Delhi: PHI Learning Private, 2014.

   En este libro se analizan las acciones que debe llevar a cabo la empresa para generar relaciones rentables con los clientes.

→ CARRASCO Fernández, S.: *Técnicas de información y atención al cliente/ consumidor*. Madrid: Ediciones Paraninfo, 2023.

   Guía en la que se recogen los distintos canales que pueden utilizar las empresas para comunicarse con sus clientes para obtener, procesar y analizar la información recogida.

→ CHIESA De Negri, C.: *Dirigir vendedores es mucho más*. Barcelona: Edebé, 2010.

   Obra en la que se abordan de forma práctica cuáles son las consideraciones que se han de tener en cuenta a la hora de elegir y formar a la fuerza de ventas.

→ CHIESA De Negri, C.: *Los pecados capitales de la venta*. Barcelona: Ediciones Urano, 2010.

   Guía en la que se desarrollan cuáles son los errores más habituales que se cometen al diseñar la estrategia de ventas.

→ CHIESA De Negri, C.: *Vender es mucho más*. Barcelona: Ediciones Urano, 2009.

   Guía en la que se definen una serie de consejos a tener en cuenta para mejorar las ventas de los comerciales.

→ CORSTJENS, J. y CORSTJENS, M.: *La batalla del punto de venta*. Barcelona: Ediciones Deusto, 2005.

Manual en el que se redefine la estrategia que deben llevar a cabo las empresas que operan con productos de consumo de alta rotación.

→ DUGAS, L., y JOURDAN, B.: *La venta compleja*. Madrid: Ediciones Pirámide, 2010.

Libro que realiza un análisis evolutivo de los métodos y técnicas de venta que se aplicaban en el pasado, y que han dado paso a nuevas técnicas de venta orientadas a la búsqueda de soluciones para el consumidor.

→ GASALLA, J. M. y NAVARRO, L.: *Quien lidera confía*. Barcelona: Ediciones Urano, 2016.

Libro presentado en formato narrativo en el que se analiza el comportamiento de los líderes, destacando la confianza en el liderazgo.

→ HAYES, B.: *Cómo medir la satisfacción del cliente*. Barcelona: Gestión 2000, 2004.

Manual en el que se analizan diferentes herramientas que puede utilizar la empresa para evaluar el grado de satisfacción de sus clientes.

→ MACHURET, J. J.: *Teoría y práctica de la calidad de la gestión en los sistemas de venta*. Barcelona: Masson S. A., 1996.

Guía en la que se presentan de forma teórico-práctica las variables que intervienen en la gestión de los sistemas de venta para realizar el trabajo de acuerdo con unos parámetros que aseguren la calidad en el servicio.

→ MURO, P.: *Ir o no ir*. Barcelona: Ediciones Urano, 2005.

Obra en la que se analiza de forma práctica cómo mejorar el rendimiento en el trabajo sin que aumente el estrés de los empleados.

→ STINNETT, B.: *Piense como su cliente*. Barcelona: Ediciones Gestión 2000, 2007.

Manual en el que se ofrecen las claves para rentabilizar las relaciones con los clientes.